기독교문서선교회 (Christian Literature Center: 약칭 CLC)는 1941년 영국 콜체스터에서 켄 아담스에 의해 시작되었으며 국제 본부는 미국 필라델피아에 있습니다. 국제 CLC는 59개 나라에서 180개의 본부를 두고, 약 650여 명의 선교사들이 이동도서차량 40대를 이용하여 문서 보급에 힘쓰고 있으며 이메일 주문을 통해 130여 국으로 책을 공급하고 있습니다. 한국 CLC는 청교도적 복음주의 신학과 신앙서적을 출판하는 문서선교기관으로서, 한 영혼이라도 구원되길 소망하면서 주님이 오시는 그날까지 최선을 다할 것입니다.

안식의 주일

The Lord's Day for Rest
Written by Taebok Lee
All rights reserved.
Korean Edition Copyright ⓒ 2022 by Christian Literature Center, Seoul, Korea.

안식의 주일

2022년 10월 14일 초판 발행

지 은 이 | 이태복

편　　집 | 전희정
디 자 인 | 박성숙, 서민정
펴 낸 곳 | (사)기독교문서선교회
등　　록 | 제16-25호(1980. 1. 18.)
주　　소 | 서울특별시 동대문구 천호대로71길 39
전　　화 | 02-586-8761~3(본사) 031-942-8761(영업부)
팩　　스 | 02-523-0131(본사) 031-942-8763(영업부)
이 메 일 | clckor@gmail.com
홈페이지 | www.clcbook.com
송금계좌 | 기업은행 073-000308-04-020 (사)기독교문서선교회
일련번호 | 2022-109

ISBN 978-89-341-2492-4 (03230)

이 책의 출판권은 (사)기독교문서선교회가 소유합니다. 신저작권법에 의하여 한국 내에서 보호받는 저작물이므로 무단 전재와 무단 복제를 금합니다.

안식의 주일

이태복 지음

CLC

목차

저자 서문　　　　　　　　　　　　　5

제1장 첫 번째 안식일　　　　　　　　10
제2장 하나님이 우리에게 주시려는 세 가지 안식　25
제3장 도덕법으로 주어진 안식일　　　　40
제4장 안식이 있는 세 곳　　　　　　　56
제5장 안식일에 관한 예수님의 교훈　　　72
제6장 신약의 첫 주일　　　　　　　　86
제7장 안식으로의 초대　　　　　　　103
부록　 질문과 답변　　　　　　　　　117

저자 서문

나 같은 죄인 살리신 주 은혜 놀라와
잃었던 생명 찾았고 광명을 얻었네

큰 죄악에서 건지신 주 은혜 고마워
나 처음 믿은 그 시간 귀하고 귀하다

이제껏 내가 산 것도 주님의 은혜라
또 나를 장차 본향에 인도해 주시리

거기서 우리 영원히 주님의 은혜로
해처럼 밝게 살면서 주찬양 하리라

 이 찬송을 모르는 그리스도인은 없을 것입니다. 이 찬송을 한 번도 안 불러 본 그리스도인도 없을 것입니다. 이 찬송을 부르면서 눈물을 흘려 보지 않은 그리스도인도 없을 것입니다. 영미권을 비롯하여 온 세계에 전파되고 애창되는 이 은혜로운 찬송을 작시한 사람은 한때는 잔인한 노예 상인이었다가 예수를 믿은 후 복음을 전하는 사역자로 헌신한 존 뉴턴(John Newton)입니다.

존 뉴턴은 이 짧은 찬송에서 하나님의 은혜를 한없이 즐거워하고 감사의 노래를 불렀고, 같은 은혜를 경험한 모든 그리스도인은 이 가사에 깊이 공감하면서 하나님의 은혜를 즐거이 노래했습니다.

하지만 존 뉴턴은 하나님의 구원하신 은혜만 기뻐하고 감사하며 노래하지 않았습니다. 그는 자기를 구원해 주신 하나님이 일주일마다 하루씩 주시는 복된 안식일, 곧 신약의 주일도 기뻐하고 감사하며 즐거이 노래했습니다.

위에서 인용한 〈어메이징 그레이스〉(Amazing Grace)만큼 유명하게 알려지거나 널리 애창되는 찬송가는 아니지만, 그가 지극히 큰 기쁨으로 주일을 노래한 찬송가가 있습니다. 주일에 교회에 모여서 교우들과 함께 하나님을 예배하는 현장에서 그가 마음에 큰 기쁨을 품고 즐거이 노래한 내용을 들어 보십시오.

> 지난 이레 동안에 예수 인도했으니 주의 전에 모여서
> 크신 축복 빕니다 가장 복된 이 날은 하늘 안식표로다

주의 공로 힘입어 은혜 주심 빌 때에 화목하게 하시고
죄를 벗겨 주소서 세상 걱정 면하고 오늘 쉬게 하소서

하나님의 이름을 찬송하러 왔으니 모임 중에 계시고
영광 나타내소서 기쁜 하늘 잔치의 맛을 보게 하소서

주의 기쁜 복음을 죄인 듣게 하시고 모든 믿는 사람을
위로하여 주소서 주님 오실 때까지 이날 지키리로다.

하나님의 구원하는 은혜를 가장 감동을 자아내게 노래했던 존 뉴턴이 신약의 주일을 또한 큰 기쁨으로 노래했다는 사실은 오늘날 우리 시대가 주목해서 바라보고 깊이 생각해야 할 점입니다.

하나님의 구원하시는 은혜를 경험한 사람은 바쁜 일상에서 벗어나 온종일 하나님의 집에서 하나님의 백성들과 함께 하나님을 예배하고 하나님 안에서 안식하는 것을 즐거워하지 않을 수 없다는 것을 여기에서 볼 수 있기 때문입니다.

여기에 실린 일곱 편의 짧은 설교는 구약의 안식일과 신약의 주일의 본뜻을 소개하는 설교입니다. 안식일과 주일에 관한 신학적인 이론이나 역사적인 논거를 제시하거나 안식일이나 주일에 관하여 교회 안에 존재하는 다양한 의견이나 논쟁을 소개하지 않았습니다.

다만, 어린아이처럼 단순한 마음으로 성경이 안식일과 주일에 관하여 가르치는 내용을 살펴보고 그것을 순전하게 드러내는 데 힘썼습니다.

안식일이나 주일을 어떻게 지켜야 한다는 구체적인 내용을 말하기보다는 하나님께서 그런 날을 우리에게 구별해 주신 참된 의미를 드러내는 데 힘썼습니다. 이 설교문을 읽는 모든 분이 주일과 주일을 주신 하나님을 즐거워할 수 있으면 좋겠습니다.

아버지, 내가 살아 있음에 감사합니다
살아 또 한 번의 주일을 보낼 수 있으니
이 휴식의 날, 이 평화의 날,
주님의 신성한 사랑을 선포합니다

오늘 무엇보다 감사하는 것은
당신의 최고의 사랑 선물
그리스도의 선물, 그의 구원 은혜
오늘 우리 모두 더 경험하게 하소서

인생의 저녁 그림자 드리워
숙면 취하게 될 때
오, 주님의 얼굴 마주하게 하소서
안식일이 끝나지 않는 그곳에서

— 조지 빈클리 George H. Binkley

제1장
첫 번째 안식일

> ¹ 천지와 만물이 다 이루니라 ² 하나님의 지으시던 일이 일곱째 날이 이를 때에 마치니 그 지으시던 일이 다하므로 일곱째 날에 안식하시니라 ³ 하나님이 일곱째 날을 복 주사 거룩하게 하셨으니 이는 하나님이 그 창조하시며 만드시던 모든 일을 마치시고 이 날에 안식하셨음이더라(창 2:1-3).

백 년에 한 번 정도 찾아온다는 전 세계적인 전염병의 대유행을 겪으면서 사람들은 '노멀 라이프'(Normal Life, 정상적인 삶)에 관해서 많은 말을 하고 있습니다. 2년이 넘도록 계속되는 전염병의 대유행 속에서 많은 사람이 피곤함을 느끼고 있습니다. 그리고 하루빨리 정상적인 생활로 돌아갈 수 있기를 바라고 있습니다.

전염병의 대유행이 끝나고 어디를 가든 마스크를 안 써도 되는 날, 어디를 가든 마음 놓고 갈 수 있는 날, 누구를 만나든 마음 놓고 만날 수 있는 날이 하루빨리 왔으면 좋겠다는 바람은 우리 모두의 한결같은 바람일 것입니다.

그런데 이런 시점에서 우리가 진지하게 생각해야 할 것이 있습니다.

'과연 우리가 돌아가야 할 진짜 노멀 라이프(Normal Life)는 무엇일까?'

왜냐하면, 마스크만 벗는다고 해서 우리가 정말 사람답게 사는 것은 아닐 것이기 때문입니다. 어디든 마음 놓고 다닐 수 있다고 해서 우리가 정말 사람답게 사는 것은 아닐 것이기 때문입니다. 누구든 마음 놓고 만날 수 있다고 해서 그것이 사람이 살아야 하는 진짜 노멀 라이프(Normal Life)는 아닐 것이기 때문입니다. 그러므로 이런 시점에서 우리는 진지하게 생각해야 합니다.

'과연 사람이 살아가야 할 진짜 노멀 라이프(Normal Life)라는 것은 어떤 것일까?'

이런 생각을 할 때, 우리는 하나님의 말씀인 성경을 기준으로 삼아 생각해야 합니다. 특별히 창세기 1장, 2장을 중요한 기준으로 삼고 생각해야 합니다. 왜냐하면, 창세기 1장과 2장은 이 세상이 원래 어떻게 창조되었고, 사람은 본래 어떤 존재이고, 사람이 살아야 할 정상적인 삶은 어떤 것인지를 분명하게 기록하고 있기 때문입니다.

그중에서 우리가 특별히 중요하게 살펴보아야 할 말씀은 오늘 본문 말씀입니다. 왜냐하면, 우리는 시간 속에서 살고 있고 시간을 어떻게 사용하느냐가 굉장히 중요한 문제인데, 오늘 본문 말씀에 그 원리와 기준이 기록되어 있기 때문입니다.

창세기 1장은 하나님께서 6일 동안 세상을 창조하신 기록입니다. 특별히 26절부터 28절까지의 말씀에는 사람의 창조가 기록되어 있습니다.

> 하나님이 가라사대 우리의 형상을 따라 우리의 모양대로 우리가 사람을 만들고 그로 바다의 고기와 공중의 새와 육축과 온 땅과 땅에 기는 모든 것을 다스리게 하자 하시고 하나님이 자기 형상 곧 하나님의 형상대로 사람을 창조하시되 남자와 여자를 창조하시고 하나님이 그들에게 복을 주시며 그들에게 이르시되 생육하고 번성하여 땅에 충만하라, 땅을 정복하라, 바다의 고기와 공중의 새와 땅에 움직이는 모든 생물을 다스리라 하시니라(창 1:26-28).

사람의 창조 기사에 이어지는 창세기 2장 1-3절까지의 말씀은 하나님께서 6일 동안 세상을 다 창조하신 후 일곱째 날이 되었을 때 어떤 일을 하셨는지를 기록하고 있습니다. 그런데 이 기록을 읽어 보면 하나님이 세 가지 일을 하셨다는 것을 알 수 있습니다.

첫째, 하나님은 안식하셨습니다. 2절 뒷부분입니다.

> 일곱째 날에 안식하시니라(창 2:2b).

둘째, 하나님은 일곱째 날을 복 주셨습니다. 3절 앞부분입니다.

> 하나님이 일곱째 날을 복 주사(창 2:3a).

셋째, 하나님은 일곱째 날을 거룩하게 하셨습니다. 3절 앞부분입니다.

> 하나님이 일곱째 날을 (복 주사) 거룩하게 하셨으니(창 2:3a).

창세기 1장과 2장을 읽을 때, 우리가 중요하게 볼 것이 있습니다. 그것은 하나님이 세상을 창조하시기만 한 것이 아니라 세상의 질서와 법칙을 설정해 주셨다는 것입니다. 예를 들어, 셋째 날에 땅을 창조하시면서 다음과 같이 질서와 법칙을 정해 주셨습니다.

> 땅은 풀과 씨 맺는 채소와 각기 종류대로 씨 가진 열매 맺는 과목을 내라(창 1:11).

넷째 날에 해와 달을 창조하시면서 다음과 같이 질서와 법칙을 정해 주셨습니다.

> 하나님이 두 큰 광명을 만드사 큰 광명으로 낮을 주관하게 하시고 작은 광명으로 밤을 주관하게 하시며 또 별들을 만드시고(창 1:16).

특별히 마지막 일곱째 날에는 시간과 관련하여 세 가지 질서와 법칙을 정해 주셨습니다. 먼저, 하나님은 일곱째 날에 친히 안식하심으로써 사람도 일주일 중의 하루는 모든 일에서 놓임을 받고 쉴 수 있도록 제도를 만들어 주셨습니다. 하나님께서 이렇게 하셨다고 말할 수 있는 근거는 출애굽기 20장 11절 말씀입니다.

십계명의 네 번째 계명에서 하나님은 일주일 중의 하루를 쉴 것을 명령하시면서 사람이 일주일 중의 하루를 쉬어야 할 이유를 다음과 같이 설명하셨습니다.

> 이는 엿새 동안에 나 여호와가 하늘과 땅과 바다와 그 가운데 모든 것을 만들고 제 칠 일에 쉬었음이라(출 20:11).

그러면서 하나님은 일곱째 날을 복 주셨습니다. 이것은 매우 특별한 일입니다. 첫째 날부터 여섯째 날까지 하나님은 단 한 번도 어떤 날에 복을 주시지 않았습니다.

창세기 1장 27절, 28절을 보면 하나님이 사람을 창조하신 후에 사람에게 복을 주셨다는 기록은 있습니다. 하지만 하나님은 그 어떤 날도 복을 주시지는 않았습니다.

그러나 사람이 쉬는 날, 일곱째 날에는 복을 주셨습니다. 사람에게 일주일 중의 한 날을 반드시 쉴 수 있도록 제도를 만들어 주셨을 뿐만 아니라 사람이 그렇게 그날을 쉴 때 하나님의 특별한 복을 누릴 수 있도록 그날에 복을 가득 채워 놓으셨다는 말입니다.

그러면서 하나님은 일곱째 날을 거룩하게 하셨습니다. 성경에서 거룩하게 한다는 것은 '하나님이 구별해 놓는다'라는 의미입니다. 그러니까 다른 날과 분명하게 구별되는 날로 하나님이 특별하게 지정하셨다는 것입니다.

'모든 날이 다 똑같이 중요한 날이다'라고 말하지 못하도록 하나님께서 그날을 특별하게 구별하셨다는 말입니다. 그래서 이사야 58장 13절에서 하나님은 일주일 중의 하루를 일컬어서 "내 성일"(my holy day)이라고 부르십니다. "즐거운 날"이라고 부르십니다. "존귀한 날"이라고 부르십니다. 이렇게 일곱째 날에 하나님은 시간의 질서와 법칙을 정해 주셨습니다.

그런데 이렇게 하나님이 일곱째 날에 친히 안식하시고 그날을 복 주시고 그날을 거룩하게 구별하신 것은 처음부터 끝까지 다 사람을 위한 것입니다. 하나님에게는 안식할 필요도 없고 어느 한 날을 복 주시고 거룩하게 구별하실 필요도 없습니다. 하나님이 일곱째 날에 안식하신 것은 하루 종일 사람과 특별하게 교제하기 위함입니다.

하나님이 일곱째 날을 복 주시고 거룩하게 구별하신 것은 시간 안에 사는 사람을 신령한 복으로 복 주시기 위한 것입니다. 그래서 예수님은 안식일에 관하여 다음과 같이 말씀해 주셨습니다.

> 안식일은 사람을 위하여 있는 것이요(막 2:27).

그러니 일곱째 날에 아담은 얼마나 행복했을까요?

하나님은 여섯째 날에 아담을 창조하시고 그에게 할 일을 주셨습니다.

> 생육하고 번성하여 땅에 충만하라, 땅을 정복하라, 바다의 고기와 공중의 새와 땅에 움직이는 모든 생물을 다스리라(창 1:28).

그런데 다음 날 아침, 눈을 뜨니 하나님이 다음과 같이 말씀하신 것입니다.

"아담아, 오늘은 내가 공식적으로 정한 휴일이다. 오늘 나는 다른 일을 하지 않고 너와 함께 시간을 보내며 너와 함께 특별한 교제를 나누며 너에게 특별한 복을 줄 것이다. 오늘은 휴일이다. 나와 함께 쉬자. 내 안에서 쉬자."

그러니 아담은 얼마나 행복했을까요?

이처럼 하나님은 사람을 향한 깊은 사랑 때문에 시간의 질서를 정해 주실 때 일주일 중의 하루를 구별하여 복된 휴일로, 하나님 안에서 하나님과 함께 쉬는 날로 정해 주신 것입니다. 사람에게 하나님이 가지고 계시는 신령하고 영원한 복을 더 주고자 하는 마음으로 그렇게 하신 것입니다.

그러나 아담은 일곱째 날에 이런 행복을 다 누리고도 하나님을 배반했고 죄를 지었습니다. 하지만 하나님은 아담이 타락했다고 해서 창조의 과정에서 정해 주신 복된 휴일을 취소하시고 대신에 뼈 빠지게 일해야 하는 날로 바꾸지 않으셨습니다. 처음부터 그것은 사랑의 선물이었기 때문입니다.

여러분은 달력을 볼 때마다 놀랍다고 생각하지 않으십니까?

오늘날 우리가 사용하는 달력을 보십시오. 창조의 과정에서 하나님이 정하신 대로 사람이 살아가는 시간은 일주일 단위로 구별되어 있고 일주일은 일곱 날로 구성되어 있습니다. 일주일 중의 여섯 날은 생업을 위하여 일하는 날로 정해져 있고 일주일 중의 하루는 누구라도 편하게 쉴 수 있는 날로 보장되어 있습니다.

지금도 하나님께서 창조하신 질서대로 시간이 구성되어 있고 진행되고 있습니다. 이는 하나님께서 그렇게 허용하시기 때문입니다. 그래서 저는 달력을 볼 때마다 신기하고 놀랍다는 생각이 듭니다.

시간 속에서 살아가는 우리를 위하여 하나님이 시간의 질서를 이렇게 구성해 주셨다는 것은 얼마나 감사한 일입니까?

하나님은 우리가 7일로 구성된 일주일 단위로 살아가게 해 주셨습니다. 그리고 그중의 한 날은 반드시 쉴 수 있게 만들어 주셨습니다. 만일 하나님이 일주일을 3일이나 4일로 끊으시고 그중의 하루를 쉬게 하셨다면, 모든 일이 제대로 진행되지 않았을 것입니다.

반대로 일주일을 15일, 30일로 끊으시고 그중의 하루를 쉬게 하셨다면, 우리는 일하다가 지쳐서 너무 힘들었을 것입니다. 그러나 하나님은 너무 짧지도 않고 너무 길지도 않은 7일로 일주일을 구성해 주셨습니다.

더구나 하나님은 우리에게 충분한 휴일을 주셨습니다. 하나님은 우리에게 일 년에 두 달 정도를 쉬는 날로 주셨습니다. 일 년이 365일인데 그중의 52일이 쉬는 날로 고정되어 있으니까요. 사람들이 좋은 직장과 나쁜 직장을 구별할 때, 휴가를 얼마나 많이 주느냐를 따집니다. 좋은 직장일수록 휴가를 충분하게 줍니다.

하지만 직장이 아주 좋고 휴가를 아주 많이 줘도 일 년에 두 달 정도 쉬게 하는 직장이 있습니까?

그러므로 하나님이 정해 주신 시간의 질서를 보면 얼마나 감사한 일입니까!

하나님은 우리에게 정말로 충분한 쉼을 기본적으로 보장해 주셨으니 말입니다.

더구나 하나님은 우리에게 주신 휴일에 특별한 복을 장치해 놓으셨습니다. 우리가 하나님이 보장해 주신 그 휴일에 하나님 안에서 하나님과 함께 쉬면 하나님께서 특별한 복을 주십니다. 아주 좋은 직장은 휴가를 많이 줄 뿐만 아니라 휴가 때 특별한 보너스를 줍니다. 휴가 때 좋은 곳에 가서 마음껏 쉬다 오라고 돈을 주기도 하고 휴가 때 쉴 수 있는 화려한 휴양지를 빌려주기도 합니다.

하나님이 우리에게 그런 휴일을 주셨습니다. 하나님은 그 휴일에 우리에게 특별한 복을 약속해 주셨습니다. 그러므로 우리에게 이러한 복을 주신 하나님께 진심으로 감사해야 할 것입니다.

오늘날 교회 안에는 창조의 질서를 무시하는 사람들이 많지만 우리는 그러지 말아야 합니다. 어떤 사람들은 모든 날이 하나님의 날이니까 모든 날을 믿음으로 살면 되는 것이지 어느 한 날을 다른 날보다 더 소중하게 생각할 필요가 없다고 주장합니다.

어떤 사람들은 예수님이 우리에게 참된 안식을 주셨기 때문에 일주일 중의 하루를 안식일처럼 지키는 것은 불필요하고 율법적인 일이라고 주장합니다. 어떤 사람들은 일요일은 단지 교회에 모여서 예배하는 날이니까 교회에 가서 한 시간 예배만 잘 드리면 되는 것이지 그 이상으로 생각할 필요가 없다고 주장합니다.

그러나 창세기 1장, 2장을 잘 읽어 보십시오. 하나님이 일주일 중의 한 날을 거룩하게 구별하시고 복된 휴일로 만드시고 그날에 하나님 안에서 하나님과 함께 안식하게 하신 것은 십계명이 주어지기 훨씬 전에, 율법이 주어지기 훨씬 전에, 창조의 질서로 주신 것입니다.

많은 그리스도인이 동성애를 극렬히 반대합니다. 남자와 여자의 구분과 질서는 창조의 질서이기 때문에 모든 사람이 반드시 따라야 하기 때문입니다. 그런데 그런 그리스도인들이 창조의 질서로 주어진 시간의 질서는 얼마든지 무시해도 좋은 것처럼 생각하고 실제로 무시하며 사는 것은 참으로 안타깝고 슬픈 일입니다.

구약 시대에 이스라엘 백성은 거듭나지 않은 사람들이 대부분이었습니다. 그런데도 하나님은 그런 사람들에게 일주일 중의 하루를 구별하여 복된 휴일로 지킬 것을 집요하게 요구하셨습니다. 그것은 모든 사람이 지켜야 할 창조의 질서이기 때문입니다. 그러니 생각해 보십시오.

거듭나지 않은 사람들에게도 하나님이 창조의 질서를 그렇게 집요하게 요구하셨다면, 하나님의 은혜로 거듭나서 예수를 믿고 하나님의 법이 마음에 새겨져 있는 우리에게는 하나님이 그것을 얼마나 더 기대하시고 기다리시겠습니까!

그러니 창조의 질서를 깨뜨리지 마십시오. 사랑의 선물을 짓밟지 마십시오.

오늘 우리는 하나님이 시간과 관련하여 정해 놓으신 이 질서를 마음으로 존중하고 있습니까?

자연 세계를 보십시오. 하나님이 창조하신 모든 피조물은 지금까지도 다 하나님이 정해 놓으신 질서를 존중하며 살고 있습니다.

해도 달도 땅도 바다도 하늘도.

우리는 어떻습니까?

우리도 하나님이 시간과 관련하여 정해 놓으신 이 기본적인 질서를 존중하며 살고 있습니까?

하나님이 세상을 창조하실 때 정해 주신 이 질서 때문에 지금도 우리는 일주일 중의 하루는 모든 일에서 놓임을 받고 쉴 수 있는데 이날 우리는 하나님 안에서 하나님과 함께 쉬는 일을 기쁨으로 하고 있습니까?

이사야 58장 13-14절에서 하나님은 말씀하십니다.

> 만일 안식일에 네 발을 금하여 내 성일에 오락을 행치 아니하고 안식일을 일컬어 즐거운 날이라, 여호와의 성일을 존귀한 날이라 하여 이를 존귀히 여기고 네 길로 행치 아니하며 네 오락을 구치 아니하며 사사로운 말을 하지 아니하면 네가 여호와의 안에서 즐거움을 얻을 것이라 내가 너를 땅의 높은 곳에 올리고 네 조상 야곱의 업으로 기르리라 여호와의 입의 말이니라(사 58:13-14).

오늘 우리에게 일주일 중의 하루, 하나님이 쉬게 하시는 하루가 정말로 즐거운 날이고, 존귀한 날이고, 거룩한 날이고, 하나님과 함께 쉬는 날입니까?

만일 우리가 예수를 믿고 하나님을 섬긴다고 하면서도 창조의 가장 기본적인 질서를 무시하고 깨뜨리는 사람이라면, 오늘 당장 이 문제를 하나님 앞으로 가지고 나아가서 회개해야 합니다. 동성애자들을 향해서만 회개하라고 외치지 말고 창조의 질서를 깨뜨린 사람으로 우리도 철저히 회개해야 합니다.

그리고 만 가지 이유와 핑계와 이론을 가지고 어떻게 해서든 이 창조의 질서를 깨뜨리고 싶어 하는 우리의 비뚤어진 마음을 하나님의 은혜로 고침 받고 우리의 잘못된 생활을 뜯어고쳐야만 합니다. 하나님께로 나아가면 하나님은 이런 은혜를 지금도 우리에게 베풀어 주실 수 있습니다.

하나님은 시간을 초월하여 존재하시고 사시는 분이시지만, 우리가 사는 세상에서 일주일 중의 하루, 하나님이 우리에게 복된 휴일로 주신 날이 될 때마다 매우 특별한 방식으로 시간 속으로 들어오시고 매우 특별한 방식으로 우리에게 집중하시고 매우 특별한 방식으로 우리에게 신령하고 영원한 복을 나누어 주십니다.

그러므로 우리도 그날이 돌아올 때마다 시편 118편 24절에서 시편 기자가 고백한 것처럼 고백해야 할 것입니다.

> 이날은 여호와의 정하신 것이라 이 날에 우리가 즐거워하고 기뻐하리로다(시 118:24).

이것이 우리 모두가 진짜로 돌아가야 할 정상적인 삶(Normal Life)입니다.

가장 고요하고 밝은 날, 하나님이 복 주신 날,
모든 날 중 첫 번째 최고의 날
노동자의 안식, 성도의 기쁨,
기도와 찬양이 넘치는 날

구주의 얼굴 때문에 이날 더욱 빛나고
구주의 부활 때문에 이날 더 존귀하여
천상적이고 신성한 날 되어
다른 모든 날보다 더 빼어나도다

이날 복의 첫 열매를 맛보고
뒤에 있을 모든 열매를 확신하네
그리스도의 날을 사랑하는 이들
행복한 한 주를 보게 되리

이날은 주님의 날이니
하나님 앞에 나아가야 하리
주님 경외하는 마음으로 이날 보내도록
이날 내 것으로 만들도록 도와주소서

– 존 메이슨 John Mason

제2장
하나님이 우리에게 주시려는 세 가지 안식

²⁶ 하나님이 가라사대 우리의 형상을 따라 우리의 모양대로 우리가 사람을 만들고 그로 바다의 고기와 공중의 새와 육축과 온 땅과 땅에 기는 모든 것을 다스리게 하자 하시고 ²⁷ 하나님이 자기 형상 곧 하나님의 형상대로 사람을 창조하시되 남자와 여자를 창조하시고 ²⁸ 하나님이 그들에게 복을 주시며 그들에게 이르시되 생육하고 번성하여 땅에 충만하라, 땅을 정복하라, 바다의 고기와 공중의 새와 땅에 움직이는 모든 생물을 다스리라 하시니라 ²⁹ 하나님이 가라사대 내가 온 지면의 씨 맺는 모든 채소와 씨 가진 열매 맺는 모든 나무를 너희에게 주노니 너희 식물이 되리라 ³⁰ 또 땅의 모든 짐승과 공중의 모든 새와 생명이 있어 땅에 기는 모든 것에게는 내가 모든 푸른 풀을 식물로 주노라 하시니 그대로 되니라 ³¹ 하나님이 그 지으신 모든 것을 보시니 보시기에 심히 좋았더라 저녁이 되며 아침이 되니 이는 여섯째 날이니라 ¹ 천지와 만물이 다 이루니라 ² 하나님의 지으시던 길이 일곱째 날이 이를

> 때에 마치니 그 지으시던 일이 다하므로 일곱째 날에 안식하시니라 ³ 하나님이 일곱째 날을 복 주사 거룩하게 하셨으니 이는 하나님이 그 창조하시며 만드시던 모든 일을 마치시고 이 날에 안식하셨음이더라(창 1:26-2:3).

하나님은 천지를 창조하실 때 시간과 관련하여 창조의 질서로 한 가지 법칙을 만들어 주셨습니다. 사람이 살아가야 할 시간을 일주일 단위로 구성해 주시고 하나님이 일곱째 날에 친히 안식하심으로써 사람도 일주일 중의 하루는 쉴 수 있도록 제도를 만들어 주셨습니다.

그리고 그날을 복 주시고 그날을 거룩하게 하심으로써 하나님에게나 사람에게나 그날이 다른 날과 구별되고 그날이 다른 날보다 더 복되게 만들어 주셨습니다. 이것은 사람이 죄를 짓기 전에 하나님께서 창조의 질서로 정해 주신 것입니다. 이것은 하나님이 율법이나 복음을 주시기 전에 창조의 질서로 정해 주신 것입니다.

하나님께서 사람을 위하여 이렇게 시간의 질서를 짜 주신 것은 사람을 사랑하셨기 때문입니다. 어떤 사람이 그런 주장을 하는 것이 아니라 하나님의 아들이신 예수님이 친히 그렇다고 입증해 주셨습니다.

> 사람이 안식을 위하여 있는 것이 아니라 안식일이 사람을 위하여 있느니라(막 2:27).

그러므로 오늘날 우리가 사는 세상에서도 일주일이 7일로 구성되어 있고 그중의 하루가 쉬는 날로 주어진 것은 단순히 질서나 법이 아니라 사람을 사랑하시는 하나님의 선물입니다. 그래서 하나님은 우리가 이날을 즐거운 날이라고 부르고 실제로 즐거워하기를 간절히 바라시는 것입니다(사 58장).

그렇다면 하나님께서 시간의 흐름을 그렇게 구성하심으로써 사람에게 주려고 하신 '안식'이라는 것이 무엇일까요?

안식일 규례와 관련하여 우리가 제일 우선 생각해야 할 것은 이런 것입니다.

옛날에 이스라엘 사람들은 이런 생각을 하지 않았습니다. 하나님이 안식일 제도를 통해서 우리에게 주시고자 하는 안식이 무엇인지는 생각도 안 하고 안식일에 해도 되는 일과 해서는 안 되는 일을 잔뜩 목록으로 만들어 놓고 그것을 하느냐 안 하느냐에 온통 관심을 쏟았습니다. 그래서 나중에는 안식일의 주인이신 예수님에게 안식일을 제대로 안 지킨다고 따졌습니다.

얼마나 어리석은 일입니까?

그러므로 생각하십시오.

하나님께서 시간의 흐름을 그렇게 구성하심으로써 사람에게 주려고 하신 '안식'이라는 것이 무엇일까요?

가만히 생각해 보면, 하나님은 하루를 낮과 밤으로 구별하시고 매일 밤마다 우리가 일을 멈추고 쉴 수 있도록 해 주셨습니다. 그런데 그것과 별도로 일주일 중의 하루를 거룩하게 구별하시고 그날 전체를 복 주시면서 그날은 하루 종일 쉴 수 있게 해 주셨습니다.

그렇다면, 하나님께서 시간의 흐름을 그렇게 구성하심으로써 사람에게 주려고 하신 '안식' 또는 '쉼'이라는 것이 무엇일까요?

평일의 밤에 하나님이 우리에게 주시는 쉼과 뭐가 다른 것일까요?

이것을 제대로 알기 위해서는 하나님께서 사람에게 첫 번째 안식일을 주신 시점과 상황을 잘 생각해야 합니다. 하나님은 사람을 창조하신 후에 먼저 일주일 동안 열심히 일하게 하시고 이레째 되는 날에 안식일을 주시지 않으셨습니다.

"일주일 동안 고생 많이 했다. 그러니 오늘은 아무 일도 하지 말고 쉬거라."

만일 하나님이 안식일 규례를 만들어 주신 주된 목적이 앞으로 사람이 6일 동안 땅에서 열심히 일할 것이니까 휴일이 필요해서 아무 일도 하지 않고 집에서 푹 쉬는 안식을 주는 것이었다면, 먼저 6일 동안 열심히 일하게 하시고 그다음에 첫 번째 안식일을 주셨을 것입니다.

그런데 하나님은 그렇게 하지 않으셨습니다. 하나님은 사람이 창조되고 바로 다음 날, 사람이 아침부터 저녁까지 존재하고 활동하게 된 첫째 날에, 사람을 하루 종일 안식하게 하셨습니다. 사람이 본격적으로 일하기 전에 안식부터 하게 만드셨습니다. 먼저 안식부터 하고 그다음에 6일을 일하게 하셨습니다.

하나님께서 안식일 규례를 맨 처음 제정하실 때 이렇게 하셨다는 것을 오늘 본문에서 매우 중요하게 생각해야 합니다. 그리고 이 사실에서 하나님의 목적과 의도를 잘 배워야 합니다.

하나님이 일주일 중의 한 날을 구별하고 복 주어서 우리에게 주시려는 안식은 무엇일까?

먼저, 하나님이 6일 동안 천지를 창조하시고 모든 일을 다 마치신 후에 일곱째 날에 안식을 주셨다는 사실부터 생각해 보십시오. 여섯째 날에 창조된 사람은 일곱째 날에 하나님이 창조하신 모든 것을 충분하게 살펴보며 그 모든 것의 아름다움을 보며 안식했을 것입니다.

자신이 태어난 이 세상이 하나님에 의해서 완벽하게, 아름답게, 완전하게 구비되어 있다는 것을 보면서 안식했을 것입니다. 이것을 볼 때, 하나님이 사람에게 주고자 하신 안식은 하나님이 사람을 위해서 완전하게 행하신 일을 바라보면서 만족과 행복을 누리는 안식이었습니다.

그러니 얼마나 행복한 안식입니까!

이번에는 일곱째 날에 하나님이 친히 안식하시면서 사람에게도 안식을 허락하셨다는 사실을 생각해 보십시오. 하나님은 하나님대로 혼자서 조용히 안식하시고 사람은 사람대로 혼자서 조용히 안식하지 않았습니다. 하나님은 그날 사람과 함께 안식하셨고 사람도 그날 하나님과 함께 안식하였습니다.

그날 하나님은 온종일 사람과 함께하시면서 자기 자신을 알려 주셨고 사람도 그날은 특별하게 하나님을 가까이했던 것입니다. 이것을 볼 때 하나님이 사람에게 주고자 하시는 안식은 흙으로 만들어진 사람이 영원하신 하나님과 함께하는 안식이었습니다.

그러니 얼마나 영광스러운 안식입니까!

이번에는 사람이 땅에서 일을 시작하기 전에 안식부터 하게 하셨다는 사실을 생각해 보십시오. 하나님은 사람에게 먼저 6일 동안 일을 시킨 후에 7일에 안식하게 하지 않고 창조된 바로 다음날 안식부터 누리게 하셨습니다. 이는 사람이 일시적으로 땅에 살고 땅에 속한 일을 하지만 궁극적으로는 하나님이 거하시는 하늘에 올라가 살고 하나님과 함께 영원한 교제와 안식을 누리도록 창조되었다는 것을 보여 주는 증거입니다.

이것을 볼 때, 하나님이 사람에게 주고자 하신 안식은 하늘에 있는 영원한 안식을 바라보면서 행복을 누리는 안식이었습니다.

그러니 얼마나 확실한 안식입니까!

몇 년 전에 어떤 목사님과 잠시 이야기를 나눈 적이 있습니다. 그분은 교회에서 몇 년간 열심히 일한 것을 인정받아 안식년으로 쉬는 중이었습니다. 목사님들이라면 다들 부러워할 상황에 있는 분이었습니다. 그런데 그분이 들려준 이야기가 충격적이었습니다.

그분이 말하기를, 안식년인데 마음이 편하지 않고 부담이 많다는 것입니다. 이유인즉, 안식년이 끝난 후에 교회로 돌아가면 목사가 충분하게 쉬었으니 이전보다 더 열심히 일하고 이전보다 더 잘 사역하고 이전보다 설교도 더 잘할 거라고 교인들이 잔뜩 기대하고 바랄 것인데, 정말 그렇게 할 수 있을는지 자신이 없다는 것입니다.

그런데 하나님이 일주일 중의 하루를 안식일로 정해 주시면서 우리에게 주시려는 안식은 불편하고 불안한 안식이 아닙니다. 일주일 동안 열심히 일했으니까 하루 쉬라는 것이 아닙니다. 일을 계속하려면 중간에 쉼이 필요하니까 쉬라는 것도 아닙니다. 하루 쉬고 나서 이전보다 더 열심히 일하라는 것도 아닙니다. 하나님이 우리에게 주시려는 안식은 전혀 다릅니다.

하나님이 우리를 위해서 모든 일을 선하고 아름답고 완벽하게 행하셨으니 그걸 보며 쉬라는 것입니다. 하나님과 함께 신령한 교제를 나누며 쉬라는 것입니다. 하늘에서 우리를 기다리는 영원한 안식을 바라보며 쉬라는 것입니다.

예수님의 십자가에 못 박혀 죽으시고 부활하신 후에는 하나님이 우리에게 주시려는 안식의 내용이 더 풍부해졌고 더 영광스러워졌습니다.

왜 그렇습니까?

이제는 하나님과 예수님이 우리를 위해서 행하신 창조뿐만 아니라 놀라운 구속의 아름다운 일을 바라보면서 쉴 수 있게 되었기 때문입니다. 이제는 하나님이 자신의 거룩한 영이신 성령 하나님을 우리 안에 살게 하시면서 우리와 신령한 교제를 나누어 주시기 때문입니다.

이제는 하늘로 먼저 올라가신 예수님이 저 하늘에 우리를 위해서 준비해 놓으신 완전하고도 영원한 안식이 우리에게 더 확실하고 더 가까워졌기 때문입니다.

그러므로 여러분, 구약의 안식일이나 신약의 주일을 생각할 때, 다른 것을 먼저 생각하지 말고 이것을 먼저 생각하십시오. 구약의 안식일이나 신약의 주일을 생각할 때, 그날 무슨 일은 해도 되고 무슨 일은 하면 안 되는지, 그런 것부터 먼저 생각하지 마십시오. 그것은 한참 나중에 생각할 일입니다.

구약의 안식일이나 신약의 주일을 생각할 때, 제일 먼저 생각할 것은 도대체 하나님이 우리에게 어떤 안식을 주시려고 그날 전체를 거룩하게 구별하시고 복을 잔뜩 주시고 우리에게 안식일로 주셨는가 하는 것입니다. 그것을 깊이 생각하십시오. 그것을 정확하게 아십시오.

성경을 읽어 보면 하나님이 우리에게 주겠다고 하시는 안식에 관한 말씀이 여기저기에 흩어져 있습니다. 하지만 하나님이 우리에게 일주일 중의 하루를 구별해 주시면서 우리에게 주고자 하시는 안식이 어떤 안식인지를 설명해 주는 맨 처음 성경 말씀, 가장 근본적인 성경 말씀은 창세기 2장 1-3절입니다.

출애굽기나 신명기나 이사야서나 말라기에도 관련된 말씀이 있습니다. 하지만 맨 처음 말씀, 가장 근본적인 말씀은 창세기 2장 1-3절입니다. 그러므로 여기에서 하나님이 우리에게 주고자 하시는 안식이 어떤 것인지를 분명하게 배우고 정확하게 아십시오.

앞에서 저는 그것을 세 가지로 정리해서 말씀드렸습니다. 하나님이 우리를 위해서 모든 일을 선하고 아름답고 완벽하게 행하셨으니 그날은 하루종일 그걸 보며 쉬라는 것입니다.

그날은 하나님이 우리에게 특별히 가까이 오시고 자기 자신을 우리에게 나타내시고 우리에게 특별하게 복을 주실 것이니 그날은 하나님과 함께 신령한 교제를 나누며 하나님을 알아가며 하나님과 함께 쉬라는 것입니다.

지금은 우리가 하나님 안에서 누리는 안식이 불완전하나 장차 저 하늘 천국에 들어가게 되면 완전하고 영원한 안식을 누리게 될 것이니 그것을 바라보면서 쉬라는 것입니다.

그러므로 하나님이 일주일마다 하루씩 시간을 정해서 우리에게 반복적으로 주려고 하시는 안식의 내용을 보면서 사람을 향한 하나님의 사랑을 측량해 보십시오.

하나님은 처음부터 우리 사람을 도대체 얼마나 깊이 사랑하시길래, 얼마나 많이 사랑하시길래 이렇게 복되고 이렇게 영광스러운 안식을 우리에게 주실 생각을 하신 걸까요?

하나님은 처음부터 우리 사람을 도대체 얼마나 깊이 사랑하시길래, 얼마나 많이 사랑하시길래, 세상을 창조하시는 일을 마치자마자 제일 먼저 하신 일이 사람을 위하여 복된 안식일 제도를 만들어 주시는 것이었을까요?

이런 하나님을 사람이 배신하고 타락했어도 하나님은 변함없이 일주일 중의 한 날을 쉬는 날로 보장해 주시고 지금도 이런 안식으로 모든 사람을 간절히 부르십니다. 사람들은 하나님의 간절한 초대를 끊임없이 무시하고 이런 핑계 저런 핑계를 대면서 하나님과 전혀 상관없이 쾌락을 좇아 그날을 살지만, 하나님은 지금도 여전히 모든 사람을 안식으로 초대하고 기다리십니다. 이런 사실을 보면서 사람을 향한 하나님의 사랑을 측량해 보십시오.

하나님은 우리 사람을 도대체 얼마나 깊이 사랑하시길래, 얼마나 많이 사랑하시길래, 지금도 이런 안식을 사람에게 주고 싶어 하시는 것일까요?

만일 여러분이 하나님께서 시간의 질서를 정해 주실 때 사람을 위하여 한 날을 온전히 거룩하게 구별하여 안식일로 주신 일을 보면서, 또 하나님이 사람에게 주고자 하시는 안식의 근본적인 내용을 보면서, 사람을 향한 하나님의 깊은 사랑을 느껴본 적이 없다면, 그 사랑 때문에 마음이 울컥해본 적이 없다면, 그 사랑 때문에 감격해 본 적이 없다면, 오늘 그것을 생각해 보십시오.

오늘 그것을 느껴보십시오. 구약의 안식일에 관하여, 신약의 주일에 관하여 이러쿵저러쿵 말을 하거나 질문을 쏟아내지 말고, 먼저 하나님의 사랑을 깊이 헤아려 보십시오.

그러므로 지금도 하나님이 우리에게 선물로 주시는 일주일 중의 한 날, 우리가 성경을 따라 주일이라고 부르는 날에, 하나님이 우리에게 주고자 하시는 안식을 얻고 누리도록 힘쓰십시오. 주일은 무슨 일이 있어도 교회에 가는 날이고 무슨 일이 있어도 예배를 드리는 날이라고 생각하는 것도 좋습니다.

하지만 거기에서 머물러 있지 마십시오. 정확하게 말하자면, 주일은 단순히 교회에 가는 날도 아니고 단순히 예배를 드리는 날도 아닙니다. 주일은 하나님이 우리에게 주고자 하시는 안식, 앞에서 말씀드린 세 가지 안식을 실제로 누리고 더 풍성히 누리는 날입니다.

그러므로 주일 아침에 눈을 뜨는 순간부터 이렇게 생각하십시오.

> 오늘은 하나님께서 나에게 복된 안식을 주시려고 특별히 정해 주신 날이다. 하나님은 지난 월요일부터 토요일까지 내 삶에 항상 함께 계셨고 날마다 나에게 은혜를 베푸셨다. 하지만 오늘은 하나님이 하루 전체를 특별히 구별하고 특별히 복을 주시면서 특별한 안식을 나에게 주시는 날이다. 그러므로 이날 나는 하나님이 주시는 복되고 영광스러운 안식을 풍성히 얻고 온전히 누리겠다. 그것을 위하여 나는 교회에 갈 것이고 그것을 위하여 예배할 것이며 그것을 위하여 성도들과 교제할 것이고 그것을 위하여 살 것이다.

일주일 중의 하루, 하나님이 우리에게 안식을 주시려고 특별히 구별하고 복을 주신 하루, 하나님이 우리에게 바라시는 것은 이런 마음가짐입니다. 이런 마음으로 실제로 하루를 사는 것입니다. 그래서 우리에게 꼭 필요한 세 가지 안식, 하나님이 우리에게 꼭 주고 싶어 하시는 세 가지 안식을 우리가 더 풍성하게 얻고 더 온전하게 누리는 것입니다.

우리의 과거는 후회되는 것도 많고 아픔을 주는 것도 많지만, 우리의 현실은 부족한 것들이 많고 불만스러운 것들이 많지만, 우리의 미래는 너무나 불확실하고 불안한 것들이 많지만, 하나님 안에서 하나님 때문에 참된 안식을 누리는 것입니다.

오 휴식과 기쁨의 날,
오 기쁨과 빛의 날,
오 염려와 슬픔 잠재우는 향유,
가장 아름답고 가장 밝으며
이날에 천하 만민
대대로 화음 이루어 노래하네
거룩, 거룩, 거룩
삼위일체 하나님께

이날 세상 창조될 때
빛이 먼저 탄생했고
이날 구원 완성될 때
땅의 깊은 곳에서 그리스도 부활하셨고
이날 승리하신 우리 주님
하늘에서 성령 보내셨네
그리하여 가장 영광스러운 이날
세 개의 빛을 받았도다

이날은 우리에게 달려드는 폭풍우
막아 주는 항구고
낙원의 강줄기 교차하며
흘러가는 정원이며
건조하고 황량한 사막 인생에서
시원한 샘일세
비스가산 같은 이날
우리는 약속의 땅을 보도다
이날은 거룩한 사다리,

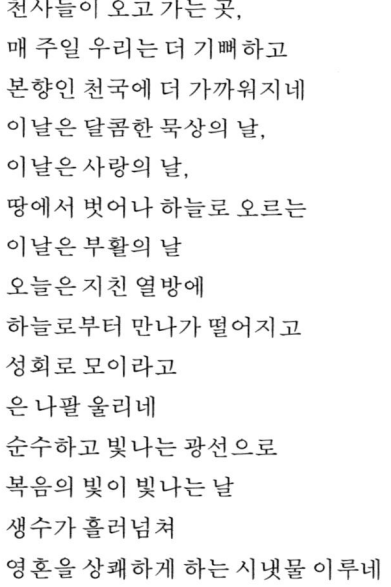

천사들이 오고 가는 곳,
매 주일 우리는 더 기뻐하고
본향인 천국에 더 가까워지네
이날은 달콤한 묵상의 날,
이날은 사랑의 날,
땅에서 벗어나 하늘로 오르는
이날은 부활의 날
오늘은 지친 열방에
하늘로부터 만나가 떨어지고
성회로 모이라고
은 나팔 울리네
순수하고 빛나는 광선으로
복음의 빛이 빛나는 날
생수가 흘러넘쳐
영혼을 상쾌하게 하는 시냇물 이루네

안식을 위해 주어진 이날
새로운 은혜 얻어서
복 받은 이들에게 남아 있는
안식에 더 가까이 가네
성부와 성자와 성령
찬미를 받으소서
교회는 복되신 삼위일체께
목소리 높여 찬양합니다

– 크리스토퍼 워즈워드 Christopher Wordsworth

제3장
도덕법으로 주어진 안식일

²² 제육일에는 각 사람이 갑절의 식물 곧 하나에 두 오멜씩 거둔지라 회중의 모든 두목이 와서 모세에게 고하매 ²³ 모세가 그들에게 이르되 여호와께서 이같이 말씀하셨느니라 내일은 휴식이니 여호와께 거룩한 안식일이라 너희가 구울 것은 굽고 삶을 것은 삶고 그 나머지는 다 너희를 위하여 아침까지 간수하라 ²⁴ 그들이 모세의 명대로 아침까지 간수하였으나 냄새도 나지 아니 하고 벌레도 생기지 아니한지라 ²⁵ 모세가 가로되 오늘은 그것을 먹으라 오늘은 여호와께 안식일인 즉 오늘은 너희가 그것을 들에서 얻지 못하리라 ²⁶ 육일 동안은 너희가 그것을 거두되 제 칠일은 안식일인즉 그날에는 없으리라 하였으나 ²⁷ 제 칠일에 백성 중 더러가 거두러 나갔다가 얻지 못하니라 ²⁸ 여호와께서 모세에게 이르시되 어느 때까지 너희가 내 계명과 내 율법을 지키지 아니하려느냐 ²⁹ 볼지어다 여호와가 너희에게 안식일을 줌으로 제 육일에는 이틀 양식을 너희에게 주는 것이니 너희는 각기 처소에 있고

제 칠일에는 아무도 그 처소에서 나오지 말지니라 30 그러므로 백성이 제 칠일에 안식하니라 31 이스라엘 족속이 그 이름을 만나라 하였으며 깟씨 같고도 희고 맛은 꿀 섞은 과자 같았더라 32 모세가 가로되 여호와께서 이같이 명하시기를 이것을 오멜에 채워서 너의 대대 후손을 위하여 간수하라 이는 내가 너희를 애굽 땅에서 인도하여 낼 때에 광야에서 너희에게 먹인 양식을 그들에게 보이기 위함이니라 하셨다 하고 33 또 아론에게 이르되 항아리를 가져다가 그 속에 만나 한 오멜을 담아 여호와 앞에 두어 너희 대대로 간수하라 34 아론이 여호와께서 모세에게 명하신대로 그것을 증거판 앞에 두어 간수하게 하였고 35 이스라엘 자손이 사람 사는 땅에 이르기까지 사십년 동안 만나를 먹되 곧 가나안 지경에 이르기까지 그들이 만나를 먹었더라 36 오멜은 에바 십분의 일이더라(출 16:22-36).

8 안식일을 기억하여 거룩히 지키라 9 엿새 동안은 힘써 네 모든 일을 행할 것이나 10 제 칠일은 너의 하나님 여호와의 안식일인즉 너나 네 아들이나 네 딸이나 네 남종이나 네 여종이나 네 육축이나 네 문안에 유하는 객이라도 아무 일도 하지 말라 11 이는 엿새 동안에 나 여호와가 하늘과 땅과 바다와 그 가운데 모든 것을 만들고 제 칠일에 쉬었음이라 그러므로 나 여호와가 안식일을 복되게 하여 그 날을 거룩하게 하였느니라(출 20:3-11).

성경을 읽어 보면, 창세기 2장 이후로는 안식일에 관한 분명한 언급이 한참 나오지 않습니다. 그러다가 오늘 본문 말씀인 출애굽기 16장에 이르면 안식일에 관한 분명한 언급이 다시 등장합니다.

출애굽기의 전체 흐름을 보면, 출애굽기 13장에서 이스라엘 백성이 출애굽을 하고 출애굽기 20장에서 모세가 시내산에서 십계명 돌판을 받습니다. 그리고 십계명 돌판에 안식일에 관한 가장 분명한 언급이 등장합니다. 그런데 그보다 앞서서 출애굽기 16장에 안식일에 관한 분명한 언급이 먼저 등장합니다.

출애굽기 16장을 보면, 광야를 여행하고 있던 이스라엘 백성에게 하나님은 하늘로부터 만나를 내려 주셨고 이스라엘 백성은 매일 아침 만나를 걷어서 그것을 먹고 살았습니다. 그런데 여섯째 날에는 하나님이 만나를 내려 주실 때 이틀 먹을 것을 주시고 일곱째 날은 쉬게 하셨습니다.

오늘 본문 23절에서 모세는 하나님의 말씀을 다음과 같이 전달했습니다.

> 여호와께서 이같이 말씀하셨느니라 내일은 휴식이니 여호와께 거룩한 안식일이라 너희가 구울 것은 굽고 삶을 것은 삶고 그 나머지는 다 너희를 위하여 아침까지 간수하라 (출 16:23).

이렇게 하나님은 안식일에 관하여 말씀하셨습니다.

그런 다음에 출애굽기 20장을 보면, 하나님은 십계명을 돌판에 적어 주실 때, 네 번째 계명으로 안식일에 관한 법을 돌판에 적어 주신 것을 보게 됩니다.

> 안식일을 기억하여 거룩히 지키라 엿새 동안은 힘써 네 모든 일을 행할 것이나 제 칠일은 너의 하나님 여호와의 안식일인즉 너나 네 아들이나 네 딸이나 네 남종이나 네 여종이나 네 육축이나 네 문안에 유하는 객이라도 아무 일도 하지 말라 이는 엿새 동안에 나 여호와가 하늘과 땅과 바다와 그 가운데 모든 것을 만들고 제 칠일에 쉬었음이라 그러므로 나 여호와가 안식일을 복되게 하여 그 날을 거룩하게 하였느니라(출 20:8-11).

이처럼 하나님은 안식일에 관한 말씀을 계시해 주실 때, 창세기 2장에서 맨 처음으로, 출애굽기 16장에서 두 번째로, 그리고 출애굽기 20장에서 좀 더 구체적으로 계시해 주셨습니다. 그러므로 구약의 안식일이나 신약의 주일을 생각하고 배울 때, 성경의 이런 순서와 흐름을 따라야 합니다.

창세기 2장에서 하나님이 창조의 질서로 안식일을 제정해 주신 것을 먼저 보고, 다음에는 출애굽기 16장에서 이스라엘이 출애굽한 후에 안식일을 지킬 것을 명령하신 것을 보고, 그런 다음에는 출애굽기 20장에서 십계명의 네 번째 계명으로 안식일을 지키라는 명령을 주셨다는 것을 보아야 합니다.

그런데 여기에는 우리가 반드시 알아야 하는 다섯 가지 특이사항이 있습니다.

첫 번째 특징은 하나님이 안식일에 관한 계명을 도덕법인 십계명 안에 집어넣으셨다는 것입니다.

하나님이 이스라엘 백성에게 주신 율법은 크게 세 가지로 구분됩니다.

첫 번째는 도덕법입니다. 십계명으로 요약되는 도덕법은 모든 사람이 지켜야 할 법입니다.

두 번째는 의식법입니다. 절기와 제사에 관한 의식법은 예수님을 미리 보여 주는 그림자입니다.

세 번째는 사회법입니다. 그 당시 이스라엘이라는 나라를 통치하는 데 필요한 법입니다.

그런데 하나님은 안식일에 관한 규례를 도덕법에 넣어 주셨습니다. 하나님께서 이렇게 하신 것은 당연한 일입니다. 왜냐하면, 처음부터 안식일에 관한 규례는 창조의 질서로 정해진 것이기 때문입니다. 창조의 질서로 정해진 것은 모든 시대 모든 나라 모든 사람이 반드시 지켜야 할 법입니다.

나중에 예수님이 부활하신 다음에 안식일의 요일이 달라지지만, 일주일 중의 6일은 평일이고 한 늘은 하나님과 함께 쉬는 거룩한 안식일인 것은 처음부터 창조의 질서로 주어졌고 이 세상이 존재하는 한 계속될 것입니다. 그러므로 하나님은 일주일 중의 한 날을 안식일로 지키는 것을 의식법도 아니고 사회법도 아닌 도덕법, 십계명 안에 집어넣어 주셨습니다.

두 번째 특징은 일주일 중의 하루를 안식일로 지키라는 네 번째 계명이 십계명 중에서 제일 길고 자세한 내용으로 기록되었다는 것입니다.

십계명을 생각해 보십시오. 사람이 들 수 있는 크기의 돌판에 새겨졌습니다. 그래서 대부분 내용이 매우 짧습니다. 그중에 긴 계명이 두 번째 계명입니다.

그런데 네 번째 계명은 두 번째 계명보다 더 길고 자세합니다. 히브리어로 기록되어 있는데, 두 번째 계명에는 44개의 단어가 사용되었는데 네 번째 계명에서는 55개의 단어가 사용되었습니다. 그러니까 도덕법 중에서 하나님이 제일 강조하고 제일 자세하게 말씀하신 것이 네 번째 계명입니다.

열 가지 계명이 모두 중요한데 왜 하나님은 네 번째 계명에 관해서만 이렇게까지 하셨을까요?

사람이 일주일 중의 하루를 안식일로 여기고 그날 평일과 다르게 하나님과 함께 하나님 안에서 전적으로 쉬는 것을 하나님이 굉장히 심각하게 생각하시고 굉장히 중요한 일로 여기신다는 것입니다. 그런데 타락하면서 마음이 망가진 사람들은 그것을 심각하게 생각하지 않고 중요하게 여기지 않고 무시하고 짓밟습니다.

그래서 하나님은 별로 크지 않은 돌판에 십계명을 적어 주시면서도 네 번째 계명을 적어 주실 때 55개의 가장 많은 단어를 사용하여 자세하게 말씀하신 것입니다.

세 번째 특징은 하나님이 안식일에 관한 규례를 도덕법인 십계명에 넣어 주실 때, 세 가지 명령을 하셨다는 것입니다.

십계명을 보면, 대부분 한 가지 명령만 주어져 있습니다.

첫 번째 계명을 생각해 보십시오.

"나 외에는 다른 신을 네게 두지 말라."

다섯 번째 계명을 생각해 보십시오.

"부모를 공경하라."

딱 한 가지 명령만 주어져 있습니다. 그런데 일주일 중의 하루를 안식일로 지키라는 계명에서는 세 가지 명령이 주어집니다.

"안식일을 기억하라."

"안식일을 거룩히 지키라."
"안식일에는 아무 일도 하지 말라."
"~을 하라"는 명령이 두 개, "~을 하지 달라"는 명령이 한 개, 모두 세 개입니다.

대부분의 계명에서는 딱 한 가지 명령만 니리신 하나님이 왜 네 번째 계명에서는 세 가지 명령을 내리신 것일까요?

대부분의 명령은 '~을 하지 말라'라는 명령만 있는데, 왜 네 번째 계명에서는 "~을 하라"는 명령이 두 개, "~을 하지 말라"는 명령이 한개, 이렇게 특이하게 명령하신 것일까요?

하나님이 일주일 중의 하루를 구별해서 안식일로 주신 날에, 하나님이 우리에게 주시려는 세 가지 안식을 우리가 충분히 얻고 또 풍성히 얻기 위해서는 우리가 그 일에 철저하게 전념하는 일이 절대적으로 필요하기 때문입니다. 그래서 세 가지 명령을 철저하게 순종할 것을 명령하신 것입니다.

네 번째 특징은 사람이 계명을 지켜야만 하는 이유를 세 가지로 말씀하셨다는 것입니다.

십계명을 보면, 다른 계명들에서는 우리가 그 계명을 순종해야 할 이유가 언급되어 있지 않습니다. 두 가지 계명에서만 이유가 언급되어 있습니다. 두 번째 계명은 우상을 만들지 말라는 것인데 그 이유는 하나님은 질투하시는 하나님이시라는 한 가지 이유가 언급되어 있습니다.

그런데 네 번째 계명에는 세 개의 이유가 붙습니다. 하나님이 친히 쉬셨기 때문에 쉬라고, 6일 동안 마음대로 할 수 있으니까 하루는 쉬라고, 하나님이 하루를 구별하셨으니까 너도 그날 구별하여 쉬라고 말입니다.

왜 하나님은 유독 네 번째 계명과 관련하여 순종의 이유를 세 가지로 말씀하셨을까요?

일주일 중의 하루, 하나님께서 우리에게 허락하시는 휴일을 거룩한 안식일로 여기고 그날 하나님 안에서 하나님과 함께 참된 안식을 누리는 이 일은 우리가 대충 대강 해서는 안 되고 철저히 해야만 하는 일이기 때문입니다.

그런데 타락한 사람들의 마음에는 순종하지 않아도 된다는 이유가 너무 많고 대충 순종하면 된다는 생각도 너무 많기 때문입니다. 그래서 하나님은 다른 계명을 말씀하실 때와 달리 세 가지 이유를 적극적으로 대시면서 우리에게 이 계명을 순종해야 한다고 강조하신 것입니다.

다섯 번째 특징은 하나님이 네 번째 계명을 말씀하실 때 안식일은 공동체가 함께 지켜야 한다는 것을 강조하셨다는 것입니다.

오늘 본문 10절을 읽어 보십시오.

> 너나 네 아들이나 네 딸이나 네 남종이나 네 여종이나 네 육축이나 네 문안에 유하는 객이라도 아무 일도 하지 말라(출 20:10).

그러니까 집에서는 가장이, 회사에서는 사장이, 책임을 지고 자기 사람들이 안식일을 지키도록 만들어 주어야 한다고 명령하셨습니다. 심지어 집에서 기르는 동물과 집에 머물고 있는 손님도 안식일에 쉬도록 만들어야 한다고 명령하셨습니다. 이렇게 하나님은 공동체가 함께 지켜야 할 일로 명령하셨습니다.

십계명을 보면, 다른 모든 계명은 우리 가인 개인에게 주신 명령입니다. 그런데 네 번째 계명은 우리 개인 개인에게 주신 명령이면서 동시에 한 집의 가장, 한 가게의 사장, 한 교회의 목사, 한 나라의 통치자들에게 특별하게 주신 명령입니다.

왜 그렇습니까?

하나님이 천지를 창조하실 때 창조의 질서로 주신 이 시간의 질서, 곧 안식일 규례라는 것은 나 혼자 조용히 지켜야 하는 일이 아니라, 가족이 함께 지켜야 하는 일, 교회가 함께 지켜야 하는 일, 사회가 함께 지켜야 하는 일이기 때문입니다. 함께 지키지 않으면 결코 제대로 지킬 수 없는 일이기 때문입니다.

여러분, 구약의 안식일이나 신약의 주일을 생각할 때, 이런 내용을 먼저 충분하게 생각하십시오. 창세기 2장을 제일 먼저 보고, 다음에 출애굽기 16장을 보고, 다음에 출애굽기 20장을 보십시오. 하나님께서 일주일을 7일로 구성하시고 그중의 하루를 휴일로 우리에게 주시는 것은 창조의 질서라는 것을 분명하게 아십시오.

하나님께서 그런 휴일을 우리에게 주신 것은 하나님 안에서 하나님과 함께 쉬면서 세 가지 안식을 누리라는 사랑의 선물임을 분명하게 아십시오. 그리고 하나님이 나중에 그것을 도덕법, 곧 십계명의 한가운데 넣어 주셨다는 것과 다섯 가지 특징을 분명하게 아십시오.

오늘날 어떤 사람들은 안식일이 의식법이라고 말합니다. 십계명의 네 번째 계명의 의식법이라고 말합니다. 어떤 사람들은 안식일이 예수님을 보여 주는 그림자라고 말하면서 2000년 전에 예수님이 이 세상에 오셨고 의식법이 폐지되었고 예수님이 우리에게 참된 안식을 주시니까 이제는 예수님에게서 안식을 얻어야 어느 날을 안식일로 여기거나 그날을 거룩하게 지킬 필요가 없다고 주장합니다.

이런 사람들이 인용하는 성경 구절이 골로새서 2장 16-17절입니다.

제3장 도덕법으로 주어진 안식일

> 그러므로 먹고 마시는 것과 절기나 월삭이나 안식일을 인하여 누구든지 너희를 폄론하지 못하게 하라. 이것들은 장래 일의 그림자이나 몸은 그리스도의 것이니라(골 2:16-17).

구약성경을 읽어 보면, 두 가지 안식일이 있습니다.

첫 번째 안식일은 하나님이 일주일 중의 하루를 구별해서 우리에게 휴일로 주시는 안식일입니다. 영어 성경을 보면, 이런 안식일은 단수형으로 번역되어 있습니다.

두 번째 안식일은 예수님을 보여 주는 그림자 역할을 하는 의식법에 있는 큰 절기들에 붙어 있는 특별한 안식일입니다.[1] 영어 성경을 보면, 이런 안식일은 복수로 되어 있습

---

1 예를 들어, 초막절에 관한 성경의 기록을 보면 초막절 앞뒤에 특별한 안식일이 붙어 있는 것을 볼 수 있습니다.
   "³⁹ 너희가 토지 소산 거두기를 마치거든 칠월 십오일부터 칠 일 동안 여호와의 절기를 지키되 첫날에도 안식하고 제 팔일에도 안식할 것이요 ⁴⁰ 첫날에는 너희가 아름다운 나무 실과와 종려 가지와 무성한 가지와 시내 버들을 취하여 너희 하나님 여호와 앞에서 칠 일 동안 즐거워할 것이라 ⁴¹ 너희는 매년에 칠일 동안 여호와께 이 절기를 지킬지니 너희 대대로의 영원한 규례라 너희는 칠 월에 이를 지킬지니라 ⁴² 너희는 칠 일 동안 초막에 거하되 이스라엘에서 난 자는 다 초막에 거할지니 ⁴³ 이는 내가 이스라엘 자손을 애굽 땅에서 인도하여 내던 때에 초막에 거하게 한 줄을 너희 대대로 알게 함이니라 나는 너희 하나님 여호와니라 ⁴⁴ 모세가 여호와의 절기를 이스라엘 자손에게 공포하였더라"(레 23:39-44).

니다. 해마다 이런 안식일이 일곱 개 있었기 때문입니다. 이런 안식일은 절기에 붙어 있기 때문에 의식법이고 예수님을 보여 주는 그림자입니다. 그러므로 예수님이 오신 후로 폐지된 것들입니다.

그러나 창세기 2장과 십계명의 네 번째 계명에서 말하는 안식일, 일주일마다 한 번씩 우리에게 주어지는 안식일은 창조의 질서이고 도덕법입니다. 창조의 질서이면서 도덕법이기 때문에 세상 끝날까지 있을 법이고 모든 사람이 반드시 순종해야 할 법입니다.

오늘날 어떤 사람들이 십계명 돌판에 적힌 열 가지 계명 중에 아홉 가지 계명은 다 도덕법이라고 해석을 하면서도 하나님이 가장 길고 자세하게 기록해 놓으신 네 번째 계명, 곧 안식일에 관한 계명만 의식법이라고 해석을 하는데, 이것은 자연스럽지 않은 해석이고 전혀 옳지 않은 해석입니다. 이런 잘못된 해석에 빠지지 마십시오.

옛날부터 가톨릭교회는 십계명 중에서 두 번째 계명을 없애려고 여러 가지 이론과 해석을 만들어 냈습니다. 하나님은 어떤 형상이든지 만들지 말고 그 앞에서 절하지 말라고 분명하게 말씀하셨는데 그것을 순종하고 싶지 않아서 두 번째 계명을 첫 번째 계명 밑으로 집어넣고 열 번째 계명은 둘로 나누어서 열 가지 계명이 되도록 만들었습니다.

16세기에 가톨릭교회에서 분리되어 나온 개신교회. 우리가 속해 있는 개신교회는 가톨릭교회가 하나님의 말씀을 자기들 멋대로 왜곡한다고 비난합니다. 가톨릭교회가 하나님을 섬기는 척하면서 우상을 섬긴다고 비난하며 이단으로 여깁니다.

그런데 우리가 속해 있는 개신교회들 가운데 많은 교회도 십계명과 관련하여 가톨릭교회와 똑같은 일을 하고 있습니다. 십계명 중에서 네 번째 계명을 없애려고 여러 가지 이론과 해석을 만들어 낸 것입니다.

하나님은 일주일 중의 하루를 안식일로 주시면서 우리에게 그날 하루 전체를 하나님 안에서 하나님과 함께 안식을 누리라고 분명하게 말씀하셨는데, 그것을 순종하고 싶지 않아서 그것을 의식법이라고 해석을 해버리고 그것은 폐지되었다고 주장합니다. 십계명 안에 남겨 놓고는 있지만 못 본 척, 못 들은 척, 없는 척, 무시해 버립니다. 그러면서 아무런 문제의식도 느끼지 못하고 지냅니다.

이 얼마나 슬픈 일입니까!

하나님이 돌판에 열 가지 계명을 적어 주실 때, 제일 긴 내용으로, 제일 자세한 내용으로, 제일 많은 이유를 대시면서, 명령하신 계명이 두 번째 계명과 네 번째 계명입니다. 그런데 가톨릭교회는 두 번째 계명을 못 본 척, 못 들은 척, 무시해 버리고 예배당 안에 여러 가지 형상을 만들어 놓고 그 앞에 절하고 있습니다.

개신교회는 가톨릭교회가 만들어 놓은 모든 형상을 다 때려 부수고 없앴지만 네 번째 계명을 못 본 척, 못 들은 척, 무시해 버리고 주일이 되면 간단하게 한 시간 예배드리고 나머지는 평일처럼 자기 마음대로 살아갑니다.

얼마나 안타까운 일입니까!

여러분은 십계명 중에 네 번째 계명 앞에서 어떤 태도를 취하고 있습니까?

여러분은 십계명의 다른 계명을 민감하게 생각하고 철저하게 순종하려고 하는 것처럼, 네 번째 계명도 민감하게 생각하고 철저하게 순종하려고 합니까?

여러분은 개신교회에서 기독교 신앙을 배우고 교회 생활을 하면서 구약의 안식일, 또는 신약의 주일과 관련하여 여기저기서 많은 이야기를 들으셨을 것입니다. 그러면서 여러분 나름대로 어떤 의견과 입장을 정하셨을 것입니다.

그러나 오늘 다시 생각하십시오. 창세기 2장, 출애굽기 16장, 출애굽기 20장의 흐름을 읽으면서 하나님 앞에서 다시 생각하십시오.

또 다른 6일의 일이 끝나고
또 다른 안식일이 시작되었으니
내 영혼아, 돌아와 너의 안식을 누려라
하나님이 축복하신 날을 최대한 누려라

와서, 사랑의 주님을 찬양하라
그 사랑 지친 마음에 달콤한 휴식을 주었으니
그 사랑 천국을 미리 맛보게 하니
이날 일주일의 양식 얻으니

우리의 생각과 감사가 솟구쳐 올라
하늘에 감사의 향으로 올라가기를!
천국에서 그 달콤한 휴식 끌어오기를
누리는 이만이 알 수 있는 달콤한 휴식을

천상의 고요함이 가슴에 스며드니
영광스러운 안식의 소중한 서약이요
하나님의 교회가 장차 누릴 것은
근심의 끝, 고통의 끝일세

크신 하나님, 우리가 주의 일을 기쁨으로
오래된 것 새로운 것 다양한 장면에서 보며
찬양으로 과거의 자비를 생각하며,
희망으로 미래의 즐거움을 맛봅니다

이날 하루 거룩한 의무를 다하고
거룩한 위로를 마음껏 누리니
안식일 지내기를 즐거워함은
영원히 끝나지 않을 안식일을 소망함이라

– 조셉 스테넷 Joseph Stennett

제4장
안식이 있는 세 곳

> ⁸ 안식일을 기억하여 거룩히 지키라 ⁹ 엿새 동안은 힘써 네 모든 일을 행할 것이나 ¹⁰ 제 칠일은 너의 하나님 여호와의 안식일인즉 너나 네 아들이나 네 딸이나 네 남종이나 네 여종이나 네 육축이나 네 문안에 유하는 객이라도 아무 일도 하지 말라 ¹¹ 이는 엿새 동안에 나 여호와가 하늘과 땅과 바다와 그 가운데 모든 것을 만들고 제 칠일에 쉬었음이라 그러므로 나 여호와가 안식일을 복되게 하여 그 날을 거룩하게 하였느니라(출 20:8-11).

> ²⁸ 수고하고 무거운 짐진 자들아 다 내게로 오라 내가 너희를 쉬게 하리라 ²⁹ 나는 마음이 온유하고 겸손하니 나의 멍에를 메고 내게 배우라 그러면 너희 마음이 쉼을 얻으리니 ³⁰ 이는 내 멍에는 쉽고 내 짐은 가벼움이라 하시니라(마 11:28-30).

13 또 내가 들으니 하늘에서 음성이 나서 가로되 기록하라 지금 이후로 주 안에서 죽는 자들은 복이 있도다 하시매 성령이 가라사대 그러하다 저희 수고를 그치고 쉬리니 이는 저희의 행한 일이 따름이라 하시더라(계 14:13).

구약의 안식일이나 신약의 주일을 생각할 때, 우리가 제일 먼저 찾아가야 할 성경 구절은 창세기 2장입니다. 그곳에서 하나님은 사람을 창조하신 직후에, 사람이 죄를 짓고 타락하기 전에, 창조의 질서 가운데 하나로 시간의 질서를 짜 주셨기 때문입니다.

그다음에 찾아가야 할 성경 구절은 출애굽기 16장과 20장입니다. 그곳에서 하나님은 타락한 인류에게 안식일에 관하여 처음으로 분명하게 가르쳐 주시고 법으로 만들어 주셨기 때문입니다. 그런 다음에 우리가 찾아가야 할 성경 구절은 오늘 우리가 본문 말씀으로 읽은 두 곳, 마태복음 11장 28절-30절, 요한계시록 14장 13절입니다.

마태복음 11장 28-39절을 보면, 예수님은 쉼과 안식에 관하여 매우 중요한 말씀을 하셨습니다.

> 수고하고 무거운 짐 진 자들아 다 내게로 오라 내가 너희를 쉬게 하리라 나는 마음이 온유하고 겸손하니 나의 멍에를 메고 내게 배우라 그러면 너희 마음이 쉼을 얻으리라(마 11:28-19).

예수님은 우리에게 쉼과 안식을 얻기 위하여 자기에게로 오라고 부르셨습니다. 자기에게서 배우고 자기가 짊어지라고 하는 멍에를 메라고 부르셨습니다. 그러면 우리 마음이 참된 쉼과 복된 안식을 누리게 될 것이라고 말씀하셨습니다. 예수님이 그런 쉼과 안식을 친히 우리에게 주시겠다고 말씀하셨습니다.

그런데 요한계시록 14장 13절을 보면, 천국에서 성령 하나님께서 우리의 안식과 관련하여 다음과 같이 말씀하십니다.

> 지금 이후로 주 안에서 죽는 자들은 복이 있도다 하시매 성령이 가라사대 그러하다 저희 수고를 그치고 쉬리니 이는 저희의 행한 일이 따름이라 하시더라(계 14:13).

요한계시록 21장 3, 4절을 보면, 천국에서 다음과 같은 음성도 들린다고 기록되어 있습니다.

> 하나님이 친히 저희와 함께 계셔서 모든 눈물을 그 눈에서 씻기시매 다시 사망이 없고 애통하는 것이나 곡하는 것이나 아픈 것이 다시 있지 아니하리니 처음 것들이 다 지나갔음이러라(계 21:3-4).

하나님이 우리에게 주시려는 안식과 쉼에 관한 성경의 기록이 이런 흐름으로 되어 있는 것을 보면서 우리는 중요한 사실을 배우게 됩니다. 하나님께서 우리를 위한 복된 쉼과 안식을 세 곳에 마련해 놓으셨다는 것입니다.

첫 번째는 시간입니다. 일주일마다 한 번씩 찾아오는 하루의 휴일, 하나님께서 안식일이라고 이름을 붙여 놓으신 그날입니다.
두 번째는 하나님의 아들이시지만 사람이 되어 이 세상에 오신 예수님입니다.
세 번째는 우리가 죽으면 들어가 살게 되는 저 하늘의 천국입니다.

하나님은 이렇게 시간 안에, 예수님 안에, 그리고 천국 안에 우리를 위한 신령한 안식을 넣어 놓으셨습니다.
먼저, 하나님은 시간 속에 태어나 시간 속에 사는 우리를 위하여 시간 안에 안식을 넣으셨습니다. 하루를 낮과 밤으로 구별해 주셔서 밤에 피곤한 몸과 마음을 쉬게 해 주셨고, 일주일 중의 하루는 거룩한 안식일로 구별하시고 그날에 신령한 복을 주셔서 평일 밤에 누리는 쉼보다 차원이 높은 신령한 안식을 규칙적으로 충분하게 누릴 수 있게 해 주셨습니다.

하나님의 창조와 구속이 완전하다는 것을 보면서 안식하고 하나님과 특별하게 교제하며 안식하고 하늘의 영원한 안식을 바라보며 안식하도록 만들어 주셨습니다. 시간 속에 사는 사람들은 누구나 그날 하루를 쉬면 이런 안식을 얻을 수 있도록 문을 열어 주셨습니다.

그러나 죄를 지은 사람은 하나님이 정해 주신 시간 속에서 참되고 복된 쉼을 얻으려고 하지도 않고 얻을 수도 없습니다. 그래서 하나님은 자기 아들을 우리와 똑같은 사람으로 이 세상에 태어나게 하시고, 우리와 똑같은 사람으로 살게 하시고, 우리의 모든 죄를 십자가에서 짊어지고 죽게 하시고, 그분을 부활시키셔서 하늘에 앉히시면서 우리가 믿음으로 예수님에게 가면 예수님이 우리에게 참된 쉼과 안식을 주시도록 만들어 주셨습니다.

그래서 예수님은 이 땅에 오셔서 큰 소리로 우리 모두를 부르신 것입니다.

> 수고하고 무거운 짐 진 자들아 다 내게로 오라. 내가 너희를 쉬게 하리라(마 11:28).

그러나 믿음으로 예수님에게 나아간 사람들도 이 세상에는 완전하고 완벽한 쉼과 안식을 누리지 못합니다. 예수님에게 무슨 부족함이 있어서가 아닙니다. 예수님에게 나아가고 순종하는 우리의 믿음이 연약하고 부족하기 때문입니다. 또 우리가 사는 이 세상이 죄와 질병과 죽음으로 늘 고통스럽기 때문입니다. 그래서 예수를 믿는 신자도 이 땅에서는 완전하고 완벽한 안식을 누리지 못합니다.

그래서 하나님은 우리를 위하여 하늘에 완전하고 완벽한 안식을 준비해 놓으셨습니다. 우리가 죽음을 통과하는 날, 또는 예수님이 오시는 그날, 우리는 완벽하고 완전한 안식에 들어가게 됩니다.

그러면 시간 속에서, 예수님 안에서, 그리고 천국에서 안식을 누리는 방법은 무엇입니까?

출애굽기 20장에서 하나님은 시간 속에서 안식을 누리는 방법을 분명하게 가르쳐 주셨습니다.

> 안식일을 기억하여 거룩히 지키라 엿새 동안은 힘써 네 모든 일을 행할 것이나 제 칠일은 너의 하나님 여호와의 안식일인즉 아무 일도 하지 말라(출 20:8-9).

일주일 중의 하루, 하나님이 우리 모두에게 휴일로 주시는 주일에, 평일에 하던 일을 다 멈추고, 평일 밤에 쉬는 것과 다른 방식으로, 하나님 안에서 하나님과 함께 그리고 하나님의 백성들과 함께 쉴 때, 우리는 시간 속에서 안식을 누리게 됩니다.

　마태복음 11장에서 예수님은 예수님 안에서 안식을 누리는 방법을 가르쳐 주셨습니다.

> 수고하고 무거운 짐진 자들아 다 내게로 오라 내가 너희를 쉬게 하리라 나는 마음이 온유하고 겸손하니 나의 멍에를 메고 내게 배우라 그러면 너희 마음이 쉼을 얻으리니(마 11:28-29).

　예수님을 믿고 의지하면 됩니다. 예수님의 말씀을 귀 기울여 듣고 배우면 됩니다. 그리고 예수님이 하라고 명하시는 것이 어색하고 힘들어도 행하면 됩니다. 한마디로 말해서 믿음과 순종입니다. 믿음과 순종으로 우리는 예수님 안에서 참되고 복되며 영원한 안식을 누리게 됩니다.

　요한계시록 14장에서 성령님은 천국에서 안식을 누리는 방법을 가르쳐 주셨습니다.

> 주 안에서 죽는 자들은 복이 있도다(계 14:13b).

　천국에서 안식을 누리는 방법은 따로 없습니다. 우리가 해야 할 일이 전혀 없습니다. 예수 그리스도를 믿고 순종하는 삶을 살다가 죽음을 통과하면 됩니다.

신자는 죽음을 통과하면 그 순간 천국에 들어가게 되는데, 바로 그 순간 완전한 안식이 주어집니다. 완전하게 주어집니다. 끊임없이 주어집니다. 영원토록 주어집니다. 우리가 제일 싫어하고 제일 무서워하는 죽음이라는 관문을 통과하면 천국에서 완전한 안식을 누리게 됩니다.

이 세상에서도 어떤 사람이 진짜 쉼을 충분하게 누리려면 세 가지가 꼭 필요하고 모두 필요합니다.

첫째, 충분하게 쉴 수 있는 시간이 필요합니다.
둘째, 함께 쉴 수 있는 좋은 사람, 행복하게 만들어 줄 수 있는 사람이 필요합니다.
셋째, 마음 놓고 행복하게 쉴 수 있는 장소가 필요합니다.

이 세 가지가 함께 있을 때, 충분하게 쉴 수 있습니다. 그런데 가만히 생각해 보면, 하나님은 우리에게 이 세 가지를 모두 주셨습니다. 이 세 가지를 함께 주셨습니다. 그리고 우리에게 이 세 가지 속에서 안식을 누리라고 하십니다.
얼마나 은혜롭고 자비로운 하나님이십니까!
지금 우리의 삶을 보십시오. 일주일에 하루, 그날 종일 하나님과 쉴 수 있는 복된 휴일이 우리에게 꼬박꼬박 주어지고 있어서 쉴 수 있는 충분한 시간이 있습니다. 하나님이 주신 선물입니다.

또한, 우리를 있는 모습 그대로 용납해 주시고 우리의 모든 죄를 용서해 주시며 우리를 진실하게 사랑해 주시는 예수 그리스도를 믿음으로 바라보며 그분이 우리 안에 우리가 그분 안에 있는 삶을 살 수 있습니다. 하나님이 주신 선물입니다. 그리고 지금은 우리가 세상에 살고 있지만 믿음의 눈으로 저 멀리 있는 저 하늘의 완전한 안식을 바라보며 쉴 수 있습니다. 하나님이 주신 선물입니다.

그러다가 우리가 죽음을 통과하면 어떻게 됩니까?

그때 우리는 시간 속에 살지 않고 하나님이 사시는 영원으로 들어가게 됩니다. 그곳에서는 일주일 중의 하루가 아니라 모든 날이 하나님과 함께 하나님 안에서 쉬는 안식일이 됩니다. 또 우리는 예수님을 연약한 믿음의 눈으로 쳐다보지 않고 눈으로 직접 보며 한 공간에서 예수님과 완전한 교제를 나누게 됩니다.

천국에서 우리는 하나님이 천국에 준비해 놓으신 완전하고 완벽한 안식을 멀리서 바라만 보지 않고 실제로 소유하고 누리게 됩니다. 우리가 죽음을 통과하게 되면, 그때도 영원 안에서, 예수님 안에서, 천국 안에서 안식을 누리게 됩니다.

이것을 깊이 생각하십시오. 그리고 이것을 분명하게 이해하십시오. 창세기 2장에 기록되어 있는 첫 번째 안식일을 자세히 살펴보면서 우리는 하나님이 우리에게 주시려고 하는 안식이 세 가지 내용이라는 것을 배웠습니다.

하나님이 모든 일을 완전하게 행하셨음을 보며 안식하는 것, 그날 하나님과 함께 특별하게 교제하며 안식하는 것, 그리고 그날 천국의 영광을 바라보며 안식하는 것입니다. 하나님은 우리에게 주고자 하시는 이 세 가지 안식을 세 가지 안에 넣어놓으셨습니다. 시간 속에서는 일주일마다 하루씩 주어지는 복된 휴일에, 예수님 안에, 그리고 저 하늘의 천국 안에.

이 세 가지 중에 어느 것 하나라도 소홀히 여기지 않도록 주의하십시오. 이 세 가지 중에 어느 한 가지, 또는 두 가지를 소홀히 여겨도 다른 것을 소중히 여기면 된다고 생각하지 마십시오. 하나님은 이 세 가지를 다 소중한 것으로 우리에게 주셨습니다.

그런데 우리가 누구라고 그 중의 어떤 것을 소홀히 여기겠습니까?

우리가 하나님보다 지혜롭습니까?

하나님은 이 세 가지가 우리 모두에게 필요하다고 보시고 이 세 가지를 우리 모두에게 선물로 주셨습니다.

그런데 우리가 누구라고 그 중의 어떤 것은 소홀히 여겨도 된다고 생각하겠습니까?

우리가 하나님보다 더 높습니까?

오늘날 복음적인 신앙이 있는 어떤 사람들은 다음과 같이 말합니다.

"마태복음 11장을 봐라. 참된 안식은 예수님을 믿고 의지할 때 얻을 수 있다. 어떤 날을 구별해서 거룩하게 지킨다고 얻을 수 있는 것이 아니다. 모든 날에 예수님을 가까이 하고 순종하라. 그러면 참된 안식에 이를 것이다."

완전히 틀린 말도 아니지만, 완전히 맞는 말도 아닙니다. 성경을 전체적으로 보십시오. 하나님은 시간 안에도, 예수님 안에도, 그리고 하늘의 천국 안에도 참되고 복된 안식을 넣어 놓으셨습니다. 그러므로 우리에게는 이 세 가지 모두 필요합니다. 함께 필요합니다. 어느 것 하나 소홀히 할 수 없습니다.

오늘날 율법적인 신앙이 있는 사람들은 다음과 같이 말합니다.

"주일은 매우 엄격하게 지켜야 합니다. 주일에는 평일에 하던 일을 멈추고 정말로 안식해야 합니다. 주일에 가장 힘써 해야 할 일은 평일에 하던 일, 평일에 할 수 있는 일을 하지 않는 것입니다."

완전히 틀린 말도 아니지만, 완전히 맞는 말도 아닙니다.

주일에 우리가 평일에 할 수 있는 일을 모두 멈추는 것은 가장 기본적인 일입니다. 하지만 주일에 우리가 가장 궁극적으로 해야 할 일은 예수 그리스도께 믿음으로 나아가 그분의 말씀을 많이 배우고 순종하며 그날은 천국을 뚫어지게 바라보는 것입니다. 이것을 놓치면 안 됩니다.

다시 한번 말씀드립니다. 이 세 가지를 모두 소중하게 여기십시오. 하나님이 우리를 위한 안식을 특별하게 담아 놓으신 주일을 소중히 여기고 그날 평일에 할 수 있는 일들을 내려놓으십시오. 그날에는 개인적으로도 교회에 와서도 최대한 많은 시간, 최대한 많은 집중으로 예수님이 우리를 위하여 완전하게 이루신 구원을 바라보고 그분의 말씀을 듣고 묵상하십시오.

그리고 그날에는 땅의 일들을 쳐다보지 말고 저 영광스러운 하늘의 영원한 복락을 뚫어지게 쳐다브십시오. 그러면 우리는 참되고 복된 안식을 이 땅에서부터 누리게 되고 하나님은 그런 우리를 보시며 행복하실 것입니다.

마지막으로 주일에 삼위일체 하나님을 중요하게 바라보고 전심으로 경배하십시오.

창세기 2장에서 시간의 질서를 만들어 주실 때 일주일마다 하루 쉬게 하시고 나중에는 그것을 십계명에 법으로 새겨 주시며 "안식일을 기억하여 거룩히 지키라"라고 명령하신 분이 누구이십니까?

성부 하나님입니다.

마태복음 11장에서 "수고하고 무거운 짐 진 자들아 다 내게로 오라 내가 너희를 쉬게 하리라"라고 초대하신 분은 누구이십니까?

성자 예수 그리스도입니다.

그러면 요한계시록 14장 13절에서 "저희가 수고를 그치고 쉬리니"라고 선언하신 분은 누구이십니까?

성령 하나님이십니다.

보십시오. 성부와 성자와 성령 하나님은 우리에게 참되고 복되며 영원한 안식을 주기 위하여 지금까지 쉬지 않고 끊임없이 일해 오셨습니다. 성부 하나님은 우리를 위하여 시간의 질서를 만들어 주시고 그것을 만고불변의 법으로 정해 주셨습니다.

성자 예수님은 시간 속에서 안식을 제대로 누리지 못하는 우리에게 직접 안식을 주시기 위하여 이 세상에 오셨고 우리 죄를 대신 짊어지고 십자가에서 죽으셨습니다. 그런 예수님을 믿지만 연약한 믿음으로 믿는 우리를 위하여 성령 하나님은 우리 안에 들어와 우리와 함께 사시면서 우리를 저 하늘의 영원한 안식으로 끊임없이 인도해 가십니다.

이것을 깊이 생각해 보십시오. 성부와 성자와 성령 하나님은 우리 같은 사람에게 참되고 복된 안식을 주시려고 지금까지 쉬지 않고 끊임없이 일하고 계십니다. 그러면서 우리더러는 일주일 중의 하루를 구별하여 그날에 특별히 안식을 얻으라고 요구하십니다.

그런데 우리는 그렇게 하는 것을 싫어하고 부담스러워하고 힘들다고 생각하고 거부해서야 되겠습니까?

그냥 무시하고 지나가기는 미안하니까 간단하게 한 시간 예배드리고 그다음부터는 할 일 다 한 사람처럼 마음껏 놀고 세상 사람들처럼 쉬어서야 되겠습니까!

정말로 그렇게 해도 된다고 생각하십니까?

우리가 부르는 찬송가 57장 1절을 보면, 주일에 관하여 다음과 같이 노래를 시작합니다.

> 즐겁게 안식할 날 반갑고 좋은 날
> 내 맘을 편케 하니 즐겁고 기쁜 날

하지만 1절 가사는 거기서 끝나지 않고 다음과 같이 이어집니다.

> 이날에 천하 만민 다 보좌 앞에서
> 참되신 삼위일체 거룩타 부르네

왜 그렇습니까?

왜 이날에 우리가 함께 모여서 삼위일체 하나님의 이름을 높이고 경배해야 합니까?

여러분은 주일이 돌아올 때마다 삼위일체 하나님의 이름을 최대한 높이고자 하는 마음으로 교회에 와서 기쁨으로 경배하십니까?

 여러분은 지금 어떤 마음으로 어떻게 주일을 지내십니까?

잠시 세상일 떠나 주님의 임재를 찾는 것이
얼마나 달콤하고 행복한지
친애하는 구세주, 당신의 백성에게 미소 짓고
당신의 약속 따라 그들에게 임하소서

바쁜 삶에서 이날 물러나니
주님과 대화하는 것이 가능하네
오 주님, 당신의 발 앞에 있는 우리를 보소서
이날이 천국의 문 되게 하소서

만인 중에 빼어나신 주여, 임하여 주소서
믿음으로 주의 얼굴 뵈옵게 하소서!
오, 우리가 주님의 목소리 듣게 말씀하시고
주님의 임재가 이곳을 채우게 하소서!

주님, 당신의 소유된 사람들을 위해
즐거운 기업을 주셨으니
세상은 그들을 존중하지 않으나
주님은 그들을 주님의 보좌에 두실 것입니다

세상은 그들의 기쁨을 자랑하나
우리는 그들이 알지 못하는 양식을 먹고
세상의 보물 무가치한 장난감으로 여기니
구주의 사랑 우리의 기업임이라

주여, 주의 백성의 눈을 밝게 하시고
그들의 마음이 사랑으로 가득 차게 하소서
오 그들의 빛이 모든 사람에게 나타나길
하늘의 진리를 더 경험하길

– 토마스 캘리 Thomas Kelly

제5장
안식일에 관한 예수님의 교훈

¹ 그 때에 예수께서 안식일에 밀밭사이로 가실쌔 제자들이 시장하여 이삭을 잘라 먹으니 ² 바리새인들이 보고 예수께 고하되 보시오 당신의 제자들이 안식일에 하지 못할 일을 하나이다 ³ 예수께서 가라사대 다윗이 자기와 그 함께한 자들이 시장할 때에 한 일을 읽지 못하였느냐 ⁴ 그가 하나님의 전에 들어가서 제사장 외에는 자기나 그 함께한 자들이 먹지 못하는 진설병을 먹지 아니하였느냐 ⁵ 또 안식일에 제사장들이 성전 안에서 안식을 범하여도 죄가 없음을 너희가 율법에서 읽지 못하였느냐 ⁶ 내가 너희에게 이르노니 성전보다 더 큰 이가 여기 있느니라 ⁷ 나는 자비를 원하고 제사를 원치 아니하노라 하신 뜻을 너희가 알았더면 무죄한 자를 죄로 정치 아니하였으리라 ⁸ 인자는 안식일의 주인이니라 하시니라(마 12:1-8).

구약의 안식일이나 신약의 주일을 생각할 때, 오늘 본문 말씀도 우리가 살펴보아야 할 매우 중요한 말씀입니다. 왜냐하면, 하나님의 아들이신 예수님이 실제로 안식일을 어떻게 여기셨는지, 안식일에 관하여 우리에게 무엇을 가르쳐 주셨는지를 보여 주고 있기 때문입니다.

마태복음, 마가복음, 누가복음, 요한복음에는 안식일을 어떻게 지켜야 하는지에 관해 바리새인들과 예수님이 열띤 논쟁을 벌인 장면들이 여러 군데 있습니다. 마태복음 12장, 요한복음 5장, 누가복음 13장, 마가복음 3장입니다. 그중에서 오늘 본문 말씀이 안식일에 관한 가장 많은 가르침을 담고 있는 말씀입니다.

오늘 본문에서도 다른 구절에서도 바리새인들은 안식일과 관련하여 예수님을 신랄하게 공격했습니다. 그 이유는 예수님이 안식일에 절대로 하지 말아야 하는 일을 한다고 생각했기 때문입니다. 오늘 본문 말씀을 보면, 예수님과 제자들이 안식일에 밀밭 사이로 지나가다가 제자들이 배가 고파서 이삭을 잘라 먹었다고 기록되어 있습니다.

그것을 보고 바리새인들이 화를 내면서 예수님을 비난합니다. 다른 곳을 보면, 예수님이 안식일에 38년 된 병자, 18년 동안 귀신들려 마비된 환자, 한쪽 손이 말라비틀어진 사람을 고쳐 주셨는데, 그것을 보고 바리새인들이 예수님을 신랄하게 비난합니다.

바리새인들은 안식일에 해야 할 일과 하지 말아야 할 일에 대한 자세한 목록을 가지고 있었습니다. 그런데 사실 하나님은 구체적인 목록을 정해 주신 적이 없습니다. 십계명의 네 번째 계명을 기억해 보십시오.

거기에서 하나님은 안식일에 아무 일도 하지 말라고 명령하셨을 뿐 구체적인 목록을 정해 주지 않으셨습니다. 왜냐하면, 안식일을 해야 할 일과 하지 말아야 할 일의 목록을 만들어 놓고 그것을 지키는 날이 아니라, 하나님이 주시는 신령한 안식을 얻기 위하여 평일에 할 수 있는 일을 다 내려놓고 하나님이 주시려고 하는 세 가지 안식을 추구하고 얻는 날이기 때문입니다.

그런데 바리새인들은 안식일에 관하여 계명을 엄격하게 지키고 싶다면서, 할 수 있는 일과 할 수 없는 일의 목록을 자세하게 만들었습니다. 그리고 자기들이 만들어 놓은 그 목록에 모든 사람이 따라오기를 바랐습니다.

그런데 예수님이 오셔서 안식일에 병자들을 고치시는 일을 보면서, 또 그런 예수님에게 사람들이 몰려들고 열광하는 것을 보면서, 자신들이 세워 놓은 목록이 한순간에 무너질 수도 있다는 위협을 느꼈습니다. 그래서 예수님을 마음으로 더 혐오하게 되었고 말로 더 신랄하게 공격하게 되었고 예수님을 빨리 죽여야만 문제가 해결되겠다고 생각했던 것입니다.

그러면 이런 바리새인들에 대한 예수님의 반응은 무엇입니까?

첫째, 예수님은 안식일을 엄격하게 지키려고 하는 바리새인들의 태도에 대해서는 전혀 문제 삼지 않으셨습니다. 오늘 본문을 보십시오. 예수님의 제자들이 안식일에 이삭을 까먹은 일로 공격하는 바리새인들에게 왜 중요하지 않은 일을 가지고 문제로 삼냐고 타박하지 않으셨습니다.

예수님은 구약성경을 예로 들면서 안식일에 몇 가지 일은 허용되는 일이라고 가르쳐 주심으로써 그들의 목록을 고쳐 주셨을 뿐입니다. 예수님은 결코 안식일을 엄격하게 지키려고 하는 태도에 대해서는 전혀 문제 삼지 않으셨습니다.

예수님은 바리새인들에게 결코 다음과 같이 말씀하지 않으셨습니다.

"안식일이 뭐 그렇게 중요하고 특별한 날이라고 그렇게 자세한 목록을 만들어 놓고 엄격하게 지키려고 하느냐?

그럴 필요 없다."

"안식일은 내가 오면 없어질 그림자라는 것을 모르느냐?

내가 왔으니 안식일은 폐지될 것이다. 그러니 그 문제로 싸우지 말자."

예수님은 안식일을 엄격하게 지키려고 하는 바리새인들의 태도는 인정하셨습니다. 일주일 중의 하루를 하나님 안에서 하나님과 함께 쉬는 것은 모든 사람이 반드시 준수해야 하는 도덕법이고 당연히 사람이 철저하게 지키려고 애써야 하는 법이기 때문입니다.

둘째, 예수님은 바리새인들이 안식일에 사람이 할 수 있는 일과 할 수 없는 일을 구별해서 목록을 만들고 그것을 지키려고 한 것 자체를 문제 삼지 않으셨습니다.

오늘 본문을 보십시오. 예수님은 바리새인들에게 결코 다음과 같이 말씀하지 않으셨습니다.

"안식일에 할 수 있는 일이 따로 있고 할 수 없는 일이 따로 있는 게 아니다. 그날그날 형편이 되는 대로 살면 된다. 그러니 해야 할 일과 하지 말아야 할 일의 목록을 절대 만들지 말아라."

오히려 예수님은 안식일에 사람이 하지 말아야 할 일과 해야 할 일을 구별하는 기준을 가르쳐 주셨습니다. 다윗이 먹을 것이 없을 때 제사장만 먹을 수 있는 빵을 먹었다는 사실을 가지고 생존에 필수적인 일은 안식일에 해도 된다고 가르쳐 주셨습니다.

또 안식일에 제사장들이 성전에서 온종일 일해도 괜찮았다는 사실을 가지고 하나님을 예배하고 섬기는 일은 안식일에 해도 된다고 가르쳐 주셨습니다.

이렇듯 예수님은 안식일에 사람이 할 수 있는 일과 사람이 하지 말아야 할 일을 정하는 것을 인정하셨고 그 기준을 가르쳐 주셨습니다.

"안식일에 아무 일도 하지 말라"는 하나님의 말씀에 따라 어느 정도 목록을 만들지 않으면 결국에는 자기 편한 대로, 자기 하고 싶은 대로 하기 때문입니다.

셋째, 예수님은 안식일에 사람이 해도 되는 일을 크게 세 가지로 정리해서 구체적으로 알려 주셨습니다.

오늘 본문을 보십시오. 다윗이 먹을 것이 없을 때 제사장만 먹을 수 있는 빵을 먹었다는 사실을 가지고 사람이 생존에 필수적인 일은 안식일에 해도 된다고 가르쳐 주셨습니다. 안식일에 제사장들이 성전에서 온종일 일해도 괜찮았다는 사실을 가지고 하나님을 예배하고 섬기는 일은 안식일에 해도 된다고 가르쳐주셨습니다.

"나는 자비를 원하고 제사를 원치 아니하노니"라는 말씀을 통해서는 다른 사람에게 자비를 행하는 일은 안식일에 해도 된다고 가르쳐 주셨습니다.

바리새인들은 "안식일에 아무 일도 하지 말라"라는 말씀을 문자적으로 해석하고 거기에만 매달려 있었지만, 예수님은 안식일에 사람이 세 가지 일을 할 수 있다는 것을 가르쳐 주셨고 안식일에 사람이 그 세 가지 일을 힘써야 한다는 것을 가르쳐 주셨습니다. 생존에 필수적인 일, 하나님을 예배하고 섬기는 일, 다른 사람들에게 자비를 행하는 일입니다.

일주일에 하루씩 우리에게 주어지는 거룩하고 복된 휴일은 우리 자신을 위해서는 필수적인 일만 하고 하나님을 예배하는 일에 최선을 다하며 다른 사람에게 자비를 베풀어 주어서 안식을 함께 누리는 행복한 날이기 때문입니다.

넷째, 예수님은 안식일에 관하여 자세히 말씀하시면서 자신이 안식일의 주인이라고 말씀하셨습니다.

오늘 본문 8절 말씀을 보십시오. 예수님은 말씀하셨습니다.

> 인자는 안식일의 주인이니라 (마 12:8).

바리새인들은 안식일에 관하여 자기들 나름대로 어떤 의견, 어떤 신념, 어떤 고집을 강하게 가지고 있었습니다. 그런 바리새인들에게 예수님은 말씀하셨습니다.

"구약성경을 보면 성부 하나님은 안식일이 자기의 날이라고, 다시 말해서 자기가 안식일의 주인이라고 말씀하셨다. 그런데 하나님의 아들인 나도 성부 하나님과 똑같은 신적인 권위를 가지고 있다. 그러므로 내가 안식일의 주인이다."

예수님은 바리새인들에게 결코 다음과 같이 말씀하지 않으셨습니다.

"나는 안식일을 어떻게 지켜야 하는지에 대해서 너희들이 만들어 놓은 목록을 존중한다. 그러니 너희들이 최선을 다해서 안식일을 지켜 보거라. 그러나 가능하다면, 내 의견도 참고하거라."

예수님은 자신이 안식일의 주인이라는 것을 말씀하시면서 바리새인들에게 안식일에 관한 그들의 의견, 생각, 고집을 다 내려놓으라고 말씀하셨습니다. 예수님이 가르쳐 주시는 방식을 따라서 안식일을 지켜야 한다는 것을 분명하게 말씀하셨습니다.

하나님의 아들이신 예수님이 안식일에 관하여 어떤 말씀을 하셨고 어떤 실천을 강조하셨는지 정확하게 아십시오. 예수님은 일주일 중의 하루, 하나님께서 우리에게 주시는 복된 휴일을 거룩하게 지키고 엄격하게 지키려고 애쓰는 태도를 반대하지 않으셨습니다.

예수님은 그 복된 휴일에 우리가 해야 할 일과 하지 말아야 할 일을 어느 정도 목록으로 만들고 그것을 따르는 일도 반대하지 않으셨습니다. 다만, 예수님은 그 복된 휴일에 하나님이 허용하시거나 즐거워하시는 세 가지 일이 있다고 가르쳐 주셨습니다. 그리고 예수님은 자신이 안식일의 주인이라고 선언하셨습니다.

그런데 교회 안에 있는 어떤 사람들은 이런 내용을 정확하게 알지 못하거나 엉뚱하게 알고 있습니다. 마치 예수님이 지금도 하나님이 우리에게 일주일마다 하루씩 주시는 복된 휴일, 곧 신약의 주일을 철저하게 지키려고 애쓰는 일을 반대하신다고 알고 있습니다.

마치 예수님은 주일에 우리가 시간을 얼마든지 자유롭게 마음대로 쓸 수 있다고, 주일에 한 시간 예배만 드리고 나면 그다음부터는 아무 일이나 해도 된다고 가르치셨다고 알고 있습니다. 예수님을 믿고 사랑하는 많은 사람들조차도 이런 오해에 빠져서 주일을 함부로 생각하는 일이 많다는 것은 참으로 안타까운 일입니다.

예수님은 우리가 하나님께서 우리에게 일주일마다 하루씩 주시는 복된 휴일을 거룩하게 구별하고 엄격하게 지켜야 한다고 확인해 주셨습니다. 예수님은 그 복된 휴일에 우리가 해야 할 일과 하지 말아야 할 일을 어느 정도 목록으로 만들고 그것을 따라야 할 필요가 있다는 것도 확인해 주셨습니다.

다만, 예수님은 그날에 하나님이 우리에게 허용하시거나 즐거워하시는 세 가지 일이 있다는 것을 가르쳐 주셨습니다.

그날에 우리가 그 세 가지 일을 할 수 있고 또 해야 한다는 것을 가르쳐 주셨습니다. 그리고 예수님은 우리가 자기의 이런 가르침을 절대 무시하지 말 것을 요구하셨습니다.

그러므로 예수님이 안식일에 관하여 가르쳐 주신 말씀을 보면서 "안식일에 아무 일도 하지 말라"라는 하나님의 명령이 무슨 뜻인지 제대로 이해하십시오. "안식일에 아무 일도 하지 말라"라는 명령은 정말 아무 일도 하지 말라는 뜻이 아닙니다. 그날 하루만큼은 하나님이 주고자 하시는 세 가지 신령한 안식을 충분히 얻어야 하니까 충분한 시간을 확보하고 마음을 비우라는 뜻입니다.

그 세 가지 안식은 무엇입니까?

하나님이 창조도 구원도 완전하게 행하신 것을 보면서 누리는 안식. 하나님과 많은 시간 함께 보내고 교제하면서 누리는 안식. 하늘에 있는 완전하고 영원한 안식을 미리 바라보면서 누리는 안식입니다.

그러면 평일에 하던 일을 내려놓고 그날 우리가 세 가지 신령한 안식을 충분히 얻기 위하여 할 일은 무엇입니까?

먼저는 생존에 필수적인 일을 하는 것입니다. 왜냐하면, 배가 고파 힘이 없거나 몸이 피곤해서 힘이 없으면 그 세 가지 안식을 얻는 일에 힘을 쓸 수 없으니까요.

다음으로는 하나님을 예배하고 하나님을 섬기는 일을 해야 합니다. 왜냐하면, 하나님을 예배하는 가운데 그 세 가지 안식을 얻을 수 있으니까요.

마지막으로는 다른 사람들을 섬기고 돌보는 일을 해야 합니다. 왜냐하면, 그 세 가지 안식은 나 혼자만 누려야 할 것이 아니라 우리가 함께 누려야 할 것이기 때문입니다.

그러므로 일주일마다 하루를 거룩하고 복된 휴일로 주시는 하나님의 의도부터 분명하게 깨닫고 그 의도 때문에 마음에 행복과 감사를 느끼십시오. 주일을 맞이할 때마다 그날 하루는 하나님이 우리에게 주시려는 세 가지 신령한 안식을 최대한 충분히 얻으려는 목표를 세우고 주일을 시작하십시오.

주일에는 충분한 시간을 확보하기 위하여 평일에 하던 일과 평일에 할 수 있는 일을 용감하게 내려놓으십시오. 그리고 생존에 필수적인 일은 상황에 맞추어 최소한으로 하고 하나님을 예배하는 일은 무슨 일이 있어도 최대한으로 하며 이웃을 사랑하고 섬기며 자비를 베푸는 일에도 힘을 쓰십시오.

그러나 혹시 여러분이 주일 하루를 이런 방식으로 지내고 싶은 마음이 전혀 없거나 별로 없는 사람이라면, 주일이 되면 교회에 와서 한 시간 예배를 드리는 일은 하고 싶지만 주일 하루를 이런 방식으로 지내고 싶은 마음이 전혀 없거나 별로 없는 사람이라면, 여러분에게는 먼저 해야 할 일이 따로 있습니다.

그 일은 하나님을 향하여 하루도 시간을 충분히 내려는 생각이 아예 없거나 아주 조금만 시간을 내려고 하는 여러분의 마음을 있는 그대로 들고 하나님께로 나아가는 것입니다. 여러분의 그런 마음을 하나님 앞에 내려놓고 하나님께 도와 달라고 요청하는 것입니다.

어떤 사람이 우리에게 모든 좋은 것들을 선물로 주려고 우리에게 하루만 시간을 내달라고 하는데도 우리가 시간을 내려고 하지 않고 아주 짧은 시간만 내고 절대로 그 이상은 내지 않는다면, 그것은 우리가 그 사람을 좋아하지 않기 때문입니다. 아니, 그 사람을 싫어하기 때문입니다.

만일 우리가 주일 하루를 하나님 앞에서 구별하여 지내고 싶은 마음이 전혀 없거나 거의 없다면, 그것은 우리가 하나님을 전혀 사랑하지 않거나 충분하게 사랑하지 않기 때문입니다.

그러니 그런 우리의 마음을 가지고 어떻게 해야 하겠습니까?

하나님께 용서를 구하고 우리 마음을 고쳐 달라고 애원해야 하지 않겠습니까!

그렇게 하면 하나님은 즐거이 우리 마음을 고쳐 주실 것입니다. 그리고 우리를 즐거이 사랑해 주실 것입니다. 왜냐하면, 호세아 14장 14절에서 다음과 같이 약속하셨기 때문입니다.

내가 저희의 패역을 고치고 즐거이 저희를 사랑하리니(호 14:14).

하나님이 우리의 마음을 고쳐 주시면, 우리는 주일의 참된 의미를 깨닫게 될 것입니다. 주일을 올바르게 지내는 삶을 살게 될 것입니다. 그래서 일주일마다 하루씩 하나님이 주시는 세 가지 신령한 안식을 풍성히 얻게 될 것입니다. 이런 은혜와 복이 여러분을 기다리고 있습니다. 그러므로 오늘, 지금 당장 하나님께로 나아오십시오.

생각해 보십시오.

하나님은 처음에 시간의 흐름 속에 창조의 질서로 안식일 제도를 집어 넣어 주셨습니다. 시간이 존재하는 한, 안식일이 우리에게 규칙적으로 주어지도록 말입니다.

인간이 타락한 후에는 도덕법인 십계명 안에 안식일에 관한 명령을 새겨 주셨습니다. 타락한 인간이라도 여전히 시간 속에서 규칙적으로 안식을 누리도록 말입니다.

그리고 마지막에는 자기 아들을 이 세상에 보내셔서 자기 아들이 안식일을 친히 살게 하시고 안식일에 관하여 우리에게 친히 가르치도록 하셨습니다.

하나님과 예수님이 이렇게까지 하셨는데 우리가 어찌 이 날을 소홀히 대하겠습니까!

한 주간의 첫 날인 이날
하나님 아버지의 이름을 찬양합니다
피조물의 주님이시며 근원이신 하나님
흑암에서 세상을 만드셨습니다

이날에 영원하신 아들 성자는
죽음을 이기고 승리하셨습니다
이날에 성령 하나님이 강림하셨습니다
살아 있는 불꽃의 선물과 함께

아, 오늘 그 뜨거운 사랑이
모든 마음을 가득 채워
올바른 찬양을 가르치기를
생명과 빛의 근원이신 하나님을 위해

나를 빚어 주신 아버지
당신의 형상으로 만드셨으니
당신의 신성한 사랑으로 저를 채우소서
나의 모든 생각 당신의 것 되도록

거룩하신 예수님, 저를 붙드사
당신과 함께 여기 죽어 묻히게 하소서
불타는 사랑으로 일어나
당신을 위한 희생제물 되도록
모든 은사를 나누어 주시는 주님
내 마음에 달콤한 영을 비추소서
최고의 선물인 당신을 주시고
당신의 사랑 나 알게 하소서

복되신 삼위일체 하나님
내 마음에 홀로 거하시고
당신 전부를 내게 주셨으니
내 전부 당신께 바치게 하소서

— 요한 프레링하우젠 Johann A. Freylinghausen

제6장

신약의 첫 주일

¹ 안식 후 첫날 이른 아침 아직 어두울 때에 막달라 마리아가 무덤에 와서 돌이 무덤에서 옮겨간 것을 보고 ² 시몬 베드로와 예수의 사랑하시던 그 다른 제자에게 달려가서 말하되 사람이 주를 무덤에서 가져다가 어디 두었는지 우리가 알지 못하겠다 하니 ³ 베드로와 그 다른 제자가 나가서 무덤으로 갈새 ⁴ 둘이 같이 달음질하더니 그 다른 제자가 베드로보다 더 빨리 달아나서 먼저 무덤에 이르러 ⁵ 구푸려 세마포 놓인 것을 보았으나 들어가지는 아니하였더니 ⁶ 시몬 베드로도 따라 와서 무덤에 들어가 보니 세마포가 놓였고 ⁷ 또 머리를 쌌던 수건은 세마포와 함께 놓이지 않고 딴 곳에 개켜 있더라 ⁸ 그 때에야 무덤에 먼저 왔던 그 다른 제자도 들어가 보고 믿더라 ⁹ (저희는 성경에 그가 죽은 자 가운데서 다시 살아나야 하리라 하신 말씀을 아직 알지 못하더라) ¹⁰ 이에 두 제자가 자기 집으로 돌아가니라 ¹¹ 마리아는 무덤 밖에 서서 울고 있더니 울면서 구푸려 무덤 속을 들여다보니 ¹² 흰 옷 입은 두 천사가 예

수의 시체 뉘었던 곳에 하나는 머리 편에 하나는 발 편에 앉았더라 **13** 천사들이 가로되 여자여 어찌하여 우느냐 가로되 사람이 내 주를 가져다가 어디 두었는지 내가 알지 못함이니이다 **14** 이 말을 하고 뒤로 돌이켜 예수의 서신 것을 보나 예수신줄 알지못하더라 **15** 예수께서 가라사대 여자여 어찌하여 울며 누구를 찾느냐 하시니 마리아는 그가 동산지기인 줄로 알고 가로되 즈여 당신이 옮겨 갔거든 어디 두었는지 내게 이르소서 그리하면 내가 가져가리이다 **16** 예수께서 마리아야 하시거늘 마리아가 돌이켜 히브리 말로 랍오니여 하니 (이는 선생님이라) **17** 예수께서 이르시되 나를 만지지 말라 내가 아직 아버지께로 올라가지 못하였노라 너는 내 형제들에게 가서 이르되 내가 내 아버지 곧 너희 아버지 내 하나님 곧 너희 하나님께로 올라간다 하라 하신대 **18** 막달라 마리아가 가서 제자들에게 내가 주를 보았다 하고 또 주께서 자기에게 이렇게 말씀하셨다 이르니라 **19** 이 날 곧 안식 후 첫날 저녁 때에 제자들이 유대인들을 두려워하여 모인 곳에 문들을 닫았더니 예수께서 오사 가운데 서서 가라사대 너희에게 평강이 있을찌어다 **20** 이 말씀을 하시고 손과 옆구리를 보이시니 제자들이 주를 보고 기뻐하더라 **21** 예수께서 또 가라사대 너희에게 평강이 있을지어다 아버지께서 나를 보내신 것 같이 나도 너희를 보내노라 **22** 이 말씀을 하시고 저희를 향하사 숨을 내쉬며 가라사대 성령을 받으라 **23** 너희가 뉘 죄든지 사하면 사하여질 것이요 뉘 죄든지 그대로 두면 그대로 있으리라 하시니라 **24** 열 두 제자 중에 하나인

> 디두모라 하는 도마는 예수 오셨을 때에 함께 있지 아니한지라 ²⁵ 다른 제자들이 그에게 이르되 우리가 주를 보았노라 하니 도마가 가로되 내가 그 손의 못자국을 보며 내 손가락을 그 못자국에 넣으며 내 손을 그 옆구리에 넣어 보지 않고는 믿지 아니하겠노라 하니라 ²⁶ 여드레를 지나서 제자들이 다시 집 안에 있을 때에 도마도 함께 있고 문들이 닫혔는데 예수께서 오사 가운데 서서 가라사대 너희에게 평강이 있을지어다 하시고 ²⁷ 도마에게 이르시되 네 손가락을 이리 내밀어 내 손을 보고 네 손을 내밀어 내 옆구리에 넣어보라 그리하고 믿음 없는 자가 되지 말고 믿는 자가 되라 ²⁸ 도마가 대답하여 가로되 나의 주시며 나의 하나님이시니이다 ²⁹ 예수께서 가라사대 너는 나를 본 고로 믿느냐 보지 못하고 믿는 자들은 복되도다 하시니라 (요 20:1-29).

구약의 안식일을 생각할 때, 제일 먼저 제일 중요하게 읽어야 할 성경 구절은 창세기 2장 1-5절 말씀입니다. 왜냐하면, 거기에 구약의 첫 번째 안식일이 기록되어 있기 때문입니다.

그렇다면, 신약의 주일을 생각할 때, 제일 먼저 제일 중요하게 읽어야 할 성경 구절은 어디일까요?

신약의 주일이 어떤 날인지를 정확하게 보여 주는 성경 구절은 어디일까요?

당연히 신약의 첫 번째 주일이 기록되어 있는 곳이겠지요. 신약의 주일은 예수님이 부활하신 날, 곧 안식일 바로 다음 날로 변경되니까 예수님이 부활하신 날에 일어난 일을 기록하고 있는 성경 구절들입니다.

구체적으로 말하자면 마태복음에서는 마지막 장인 28장입니다. 마가복음에서는 마지막 장인 16장입니다. 누가복음에서는 마지막 장인 24장입니다. 요한복음에서는 마지막 장 바로 앞에 있는 20장입니다.

그런데 이 네 개의 장을 그냥 설렁설렁 읽으면 예수님이 부활하신 날에 어떤 일이 있었는지 정확하게 알기가 어렵고 신약의 주일이 어떤 날인지를 정확하게 알기도 어렵습니다. 예수님이 부활하신 날에 일어난 일을 정확하게 알려면, 신약의 주일이 어떤 날인지를 정확하게 알려면, 이 네 개의 장을 자세히 읽고 서로 비교하면서 읽어야 합니다.

이 네 개의 장을 그렇게 읽어 보면, 예수님은 부활하신 첫날, 안식일 다음 날, 나중에 주일(Lord's Day)이라고 불리게 될 신약의 첫 번째 주일에 새벽부터 저녁까지 여러 사람에게 모두 다섯 번 나타나셨음을 알 수 있습니다.

먼저 예수님은 이른 새벽 무덤에 제일 먼저 달려온 막달라 마리아를 만나셨습니다. 이것은 마가복음 16장 9절에 기록되어 있습니다. 그다음에는 막달라 마리아보다 무덤에 늦게 도착한 여러 여자를 만나셨습니다. 이것은 마태복음

28장 8-10절에 기록되어 있습니다. 그다음에는 베드로를 만나셨습니다. 이것은 누가복음 24장 34절에 매우 간단하게 기록되어 있습니다.

그다음에는 엠마오로 가던 두 명의 제자를 만나셨습니다. 예수님은 오랜 시간 그들과 함께 길을 가시면서 긴 대화를 나누셨고 그날 해가 지고 저녁 식사 시간이 될 때까지 함께 계셨습니다. 이것은 누가복음 24장 13-31에 자세히 기록되어 있습니다.

그리고 그날 밤에 마지막으로, 오늘 본문 말씀에 기록된 것처럼, 열 명의 제자들이 모여 있는 다락방을 찾아오셨습니다. 오늘 본문 말씀 19절은 다음과 같이 기록합니다.

> 이날 곧 안식 후 첫날 저녁때에 제자들이 유대인들을 두려워하여 모인 곳에 문들을 닫았더니 예수께서 오사 가운데 서서 가라사대 너희에게 평강이 있을지어다(요 20:19).

성경에 기록된 내용을 보면, 예수님은 부활하시고 나서 하늘로 올라가실 때까지 모두 열한 번 사람들에게 나타나셨는데 그중의 처음 다섯 번을 부활하신 바로 그날, 안식 후 첫날, 오늘날 주일이라고 부르는 신약의 맨 처음 주일에 나타나셨습니다.

그리고 도마가 열 명의 제자들과 함께 있지 않아 부활하신 예수님을 만나지 못했고 예수님의 부활을 믿지 못했으나 예수님은 곧바로 도마를 만나지 않고 일주일 후에, 우리가 지금 주일이라고 부르는 날에, 도마가 제자들과 함께 있을 때 만나 주셨습니다. 이렇듯 예수님은 안식일 후 첫날, 곧 지금의 주일에 특별한 의미를 부여하셨습니다.

그렇다면 예수님은 부활하신 첫날, 안식일 다음 날, 나중에 주일(Lord's Day)이라고 불리게 될 신약의 첫 번째 주일에, 여러 사람을 만나시면서 무슨 일을 하셨을까요?

예수님은 막달라 마리에게 말씀하셨습니다.

> 여자여, 어찌하여 울며 누구를 찾느냐(요 20:15).

예수님은 여러 여자에게 말씀하셨습니다.

> 무서워 말라(눅 12:32a).

예수님은 예수님의 십자가 죽음을 이해할 수 없어서 혼란을 느끼며 엠마오로 가던 두 제자에게 하나님의 말씀을 자세히 풀어 주셨습니다. 그리고 오늘 본문에서 예수님은 열 명의 제자들에게 두 번이나 말씀하셨습니다.

> 너희에게 평강이 있을지어다(요 20:19).

그러니까 예수님이 부활하신 첫날, 안식일 다음 날, 나중에 주일(Lord's Day)이라고 불리게 될 신약의 첫 번째 주일에 하신 일은 다른 일이 아닙니다. 한 사람도 만나 주시고, 여러 사람도 만나 주셨습니다. 길을 가고 있는 두 사람도 찾아가시고, 방에 모여 있는 여러 사람도 찾아가서 만나 주셨습니다. 그렇게 사람들을 만나서 슬픔에 빠진 사람들에게는 기쁨을 주셨습니다.

혼란에 빠진 사람들에게는 선명한 깨달음을 주셨습니다. 실망에 빠진 사람들에게는 소망을 주셨습니다. 두려움에 빠진 사람들에게는 용기를 주셨습니다. 실패한 사람들에게는 새로운 기회를 주셨습니다.

특별히 신약의 첫 번째 주일 저녁에 예수님은 열 명의 제자들이 모여 있는 다락방에서 몇 말씀을 더해 주셨는데, 한 말씀 한 말씀이 얼마나 놀라운 말씀인지 모릅니다.

> 아버지께서 나를 보내신 것 같이 나도 너희를 보내노라(요 20:21).

오늘 본문에서 예수님은 예수님이 체포되고 십자가에 못 박혀 죽을 때 비겁하게 도망쳤던 제자들을 처음으로 만나신 것입니다. 그러니까 예수님은 그들에게 왜 그랬냐고 물을 수도 있었고 그들을 책망하실 수도 있었습니다. 하지만 그렇게 하지 않으셨습니다. 예수님은 자기가 여전히 그들을 제자로 여기시고 여전히 그들을 쓰실 거라고 분명하게 말씀하셨습니다.

> 성령을 받아라(요20:22c).

연약하고 비겁하고 무능한 제자들에게 예수님은 왜 그렇게 못났냐고 책망하지 않으셨습니다. 오히려 그들에게 성령 하나님을 주시겠다고 약속하셨습니다. 그들을 능하게 만들어 주겠다고 약속하셨습니다.

> 너희가 뉘 죄든지 사하면 사하여질 것이요 뉘 죄든지 그대로 두면 그대로 있으리라 하시니라(요 20:23).

지금 예수님은 예수님을 배신한 죄를 지은 제자들에게 그들의 죄를 용서해 준다고 말씀하신 것이 아닙니다. 마치 그것은 당연하다는 듯 그 말씀은 건너뛰시고 더 놀라운 말씀을 하셨습니다. 다른 사람들을 죄에서 구원하는 복음을 그들에게 맡길 거라고 말씀하셨습니다.

구약의 첫 번째 안식일에 하나님이 하신 일과 신약의 첫 번째 주일에 예수님이 하신 일을 비교해 보십시오.

서로 연결이 되고 사실상 같다는 생각이 안 드십니까?

창세기 2장을 살펴보면서 우리는 하나님이 첫 번째 안식일에 아담에게 세 가지 안식을 주셨다고 배웠습니다.

첫 번째 안식은 하나님이 모든 것을 완전하고 완벽하게 창조하신 것을 보면서 누리는 안식입니다.
두 번째 안식은 하나님이 사람과 함께 계시면서 말씀을 들려주시고 친밀하게 교제해 주심으로써 누리는 안식입니다.
세 번째 안식은 하나님이 예비하신 영원한 안식을 바라보게 함으로써 누리는 안식입니다.

그런데 예수님도 부활하신 날에, 안식일 다음 날에, 신약에서 나중에 주의 날이라고 부르게 되는 신약의 첫 번째 주일에 똑같은 일을 하셨습니다.

부활하신 예수님은 우리의 구원에 필요한 모든 일을 완전하고 완벽하게 이루셨다는 것을 보여 주심으로써 죄를 짓고 실패한 제자들에게 안식을 주셨습니다. 첫 번째 안식입니다.

부활하신 예수님은 온종일 사람들과 함께 시간을 보내시면서 친밀하게 교제하시고 말씀을 들려주심으로써 안식을 주셨습니다. 두 번째 안식입니다.

그리고 부활하신 예수님은 제자들로 하늘에 있는 저 영원한 천국을 바라보게 함으로써 안식을 주셨습니다. 세 번째 안식입니다.

이렇게 부활하신 예수님은 구약의 안식일이 아닌 다음 날을 그리스도인을 위한 새로운 안식일로 만들어 주셨습니다. 그리고 그날, 구약의 안식일에 신자들이 누릴 수 있었던 안식보다 더 크고 더 영광스럽고 더 풍성한 안식을 베풀어 주셨습니다. 그래서 그날 예수님의 제자들은 슬픔과 절망과 혼란과 포기에서 건짐을 받게 되었고 예수님 안에서 참된 안식을 누리게 되었습니다.

그날 예수님의 제자들은 예수님이 자기들을 얼마나 사랑하시고 얼마나 귀하게 붙들어 주시는지를 깨닫고 참된 쉼을 누리게 되었습니다. 신약의 첫 번째 주일을 자세히 들여다 보면서 우리는 이것을 배우게 됩니다.

그러므로 이런 내용을 분명하게 아십시오. 어떤 사람들이 예수님이 구약의 안식일을 폐지하고 안식일과는 전혀 다른 성격의 신약의 주일을 우리에게 주셨다고 가르치는데 그런 식으로 이해하면 안 됩니다. 전에 말씀드린 것처럼, 의식법과 연결된 안식일은 예수님이 십자가에 죽고 부활하시면서 폐지되었습니다.

하지만 창조의 질서와 도덕법으로 주어진 일주일의 하루 안식일은 폐지되지 않았습니다. 예수님은 안식일의 날짜를 자신이 부활하신 날로 바꾸셨을 뿐입니다. 그리고 그날에 구약의 안식일에 누리던 안식보다 더 온전하고 더 신령하며 더 복된 안식을 베풀어 주셨습니다.

그래서 초대 교회를 세운 사도들은 예수님의 이런 뜻을 깨닫고 처음에는 구약의 안식일과 신약의 주일을 함께 지키다가 서서히 구약의 안식일을 버리고 신약의 주일을 그리스도인의 새로운 안식일로 구별하여 지키는 일을 행하기 시작했던 것입니다. 그래서 그날 함께 교회로 모였고 그날 함께 하나님을 예배했고 그날 함께 성찬식을 행했고 그날 함께 교제하면서 신령한 안식을 얻었던 것입니다. 사도행전 20장 7절은 다음과 같이 기록하고 있습니다.

> 안식 후 첫날에 우리가 떡을 떼려 하여 모였더니 바울이 이튿날 떠나고자 하여 저희에게 강론할새 말을 밤중까지 계속하매(행 20:27).

그래서 18세기 영국에서 장로교회가 주축이 되어 성경의 핵심진리를 정리할 때, 신약의 주일을 "그리스도인의 안식일"이라고 불렀던 것입니다. 웨스트민스터 신앙고백서 21조 7항입니다.

> 하나님은 모든 시대의 모든 사람에게 적극적, 도덕적, 영구적 명령을 내려 7일로 구성된 일주일 중 하루를 특별히 안식일로 지정하셨고 그날을 하나님 앞에서 거룩하게 지키게 하셨다. 그날은 창세부터 그리스도의 부활까지 일주일의 마지막 날이었고, 그리스도의 부활 이후로는 일주일의 첫날로 바뀌었는데, 성경에서는 주의 날이라고 하며, 기독교의 안식일로 세상 끝까지 계속되어야 한다.

이것을 분명하게 이해하십시오. 시간 속에서 살아가는 사람에게 일주일에 하루씩 반복해서 신령한 안식을 누리게 하시려는 하나님의 뜻은 지금도 변함이 없습니다. 그래서 그날 성부와 성자와 성령 하나님이 사람에게 신령한 안식을 나누어 주기 위하여 매우 특별하게 온종일 일하시는 것도 변함이 없습니다.

그래서 그날에는 사람에게 평일에 할 수 있는 일을 내려놓고 신령한 안식을 풍성히 얻기 위하여 집중하라는 하나님의 명령도 변함이 없습니다. 예수님은 십자가에서 죽으시고 부활하시면서 이 모든 것을 폐지하지 않으셨습니다. 다만 날짜를 바꾸셨고 더 영광스럽게 만드셨습니다.

그러므로 신약의 주일을 우리가 어떻게 지내야 하는지 분명하게 아십시오. 어떤 사람들이 구약의 안식일은 엄격하게 지켜야 했지만, 신약의 주일은 성격이 완전히 다른 날이므로 주일예배만 드리고 나면 그다음부터는 마음껏 쉬고 마음껏 놀고 마음껏 즐겨도 된다고 생각합니다.

또 어떤 사람들은 주일이 그리스도의 부활을 기념하고 축하하는 날이기 때문에 우리가 주일예배 시간에 예수님의 부활을 기념하고 그다음부터는 마음껏 쉬고 마음껏 놀고 마음껏 즐겨도 된다고 생각합니다. 오늘날은 주일을 이렇게 생각하는 사람들이 너무나 많습니다.

하지만 신약의 주일은 구약의 안식일과 성격이 다른 날이 아닙니다. 신약의 주일도 구약의 안식일처럼 하나님이 우리에게 주시려는, 우리에게 꼭 필요한, 참되고 영원한 안식을 얻고 풍성히 누리는 날입니다. 그러기 위해서는 우리에게 충분한 시간이 필요하고 우리 마음이 분주하지 않아야 하므로 십계명의 네 번째 계명에서 하나님이 명령하신 대로 평일에 할 수 있는 일들을 다 내려놓아야 합니다.

생존에 필수적인 일들을 최소한으로 간단하게 하고 하나님을 예배하는 일을 최대한으로 하는 가운데 안식을 얻고 이웃에게 자비를 베푸는 일을 통해 그 안식을 나눠야 합니다.

부활하신 예수님이 신약의 첫 번째 주일에 어떤 일을 하셨는지 기억해 보십시오. 새벽부터 늦은 밤까지 여러 사람들에게 여러 가지 방법으로 신령한 안식을 나누어 주시는 일을 하셨습니다. 자신이 십자가에 못 박혀 죽으신 것을 설명해 주심으로써, 자신이 부활하신 것을 확실하게 보여 주심으로써, 제자들의 죄와 실패를 너그러이 용서해 주심으로써, 제자들의 슬픔을 위로해 주시고 두려움을 풀어 주심으로써, 제자들에게 새로운 기회를 주심으로써, 신령한 안식을 풍성하게 나누어 주셨습니다.

지금도 예수님은 주일이 될 때마다 우리 가운데 이런 은혜를 베풀려고 특별하게 일하십니다.

그런데 우리는 주일을 평일처럼 여기고 주말의 일부분이라고 생각하고 내 마음대로 해도 되는 날이'라고 생각해서야 되겠습니까?

주일에 신령한 안식을 풍성히 얻기 위해서 최대한 힘쓰지 않고 평일에 할 수 있는 일들을 하면서 바쁘게 지내서야 되겠습니까?

주일에 한 시간 예배를 드리면 주일에 해야 할 일을 다 한 것처럼 생각해서야 되겠습니까?

주일에 한 시간 예배를 드리는 일조차 소홀히 여기고 바쁘면 건너뛰고 다른 일이 있으면 건너뛰고 그렇게 해서야 되겠습니까?

그러지 말아야 합니다. 그것은 안식일의 주인이신 예수님을 모독하는 일이고 우리 영혼을 해치는 일입니다.

혹시 마음에 슬픔이 있습니까?
혹시 마음에 실망이 있습니까?
혹시 혼란을 경험하고 있습니까?
혹시 실패했습니까?
여러분에게 참된 쉼과 안식이 필요합니까?

그렇다면 예수님을 믿고 의지하십시오.
"수고하고 무거운 짐 진 자들아 다 내게로 오라. 내가 너희를 쉬게 하리라"(마11:28)라고 말씀하신 예수님에게 나아가십시오. 믿음으로 예수님에게 나아가십시오.

성경을 읽고 기도를 하고 예배에 참석하고 성찬식에 참석함으로써 예수님에게 나아가십시오. 그러면 예수님이 여러분의 마음에 참되고 복된 안식을 베풀어 주실 것입니다.

하지만, 일주일에 한 번씩 꼬박꼬박 돌아오는 신약의 주일에 더욱더 그렇게 하십시오. 주일에 부활하신 예수님을 찾으십시오. 그분을 기다리십시오. 이사야 58장에 기록된 하나님의 약속은 지금도 유효합니다.

> 만일 안식일에 네 발을 금하여 내 성일에 오락을 행치 아니하고 안식일을 일컬어 즐거운 날이라, 여호와의 성일을 존귀한 날이라 하여 이를 존귀히 여기고 네 길로 행치 아니하며 네 오락을 구치 아니하며 사사로운 말을 하지 아니하면 네가 여호와의 안에서 즐거움을 얻을

것이라 내가 너를 땅의 높은 곳에 올리고 네 조상 야곱의 업으로 기르리라 여호와의 입의 말이니라(사 58:13).

혹시 은퇴를 하고 집에서 하루종일 성경 읽고 기도하면서 은혜를 누리고 있습니까?

혹시 직장이 편하고 시간이 많아서 하루에 한두 시간 정도는 성경 읽고 기도하면서 은혜를 누리고 있습니까?

혹시 여러분은 늦은 밤에 마음이 차분해지고 집중이 잘 되어서 매일 밤 하나님과 깊이 교제하며 은혜를 누리고 있습니까?

혹시 여러분은 교회에 나와서 사람들과 함께 지내게 되면 마음이 불편해지는데 집에서 혼자서 조용히 성경 읽고 기도하면 은혜를 많이 받게 됩니까?

그렇다 하더라도 하나님이 정하신 주일을 소중히 여기십시오. 그 어떤 날보다 주일에 하나님을 더 가까이하십시오.

안식의 날이 또다시 다가오네
모든 신자에게 소중한 이날
이스라엘 지파들 모이라 부르는
은 나팔 소리 가까이 들리는 듯하고
모든 이여 부르심에 순종하라
여호와의 뜰에 모일지어다

주여, 부르심에 순종하여
당신의 성소에 모였습니다
당신의 은혜로운 임재를 허락하소서
주의 백성이 기쁨을 안고 돌아가도록
오, 우리의 왕을 노래하게 하소서
그런 노래 부르는 이 모두 복된 이들이도다

오 주여, 이 땅에서 주님을 아는 이들이
주님 얼굴 친히 뵐 그날 앞당기소서
고통이 영원히 끝날 때,
그들은 목적지에 도착할 것입니다
그때 그들은 쉬고 최고의 축복을 누리며
당신의 은혜에 영원한 빚을 질 것입니다

— 토마스 캘리 Thomas Kelly

제7장
안식으로의 초대

> ²⁸ 수고하고 무거운 짐진 자들아 다 내게로 오라 내가 너희를 쉬게 하리라 ²⁹ 나는 마음이 온유하고 겸손하니 나의 멍에를 메고 내게 배우라 그러면 너희 마음이 쉼을 얻으리니 ³⁰ 이는 내 멍에는 쉽고 내 짐은 가벼움이라 하시니라(마 11:28-30).

오늘 본문 말씀에서 예수님은 우리를 수고하고 무거운 짐 진 사람들이라고 표현하시면서 자기에게 오라고 말씀하십니다. 자기에게 오면 자기가 쉬게 해 줄 거라고 말씀하십니다. 그러면서 자기의 두 가지 성품을 강조하십니다.

> 나는 마음이 온유하고 겸손하니(마 11:29a).

그러면서 쉼과 안식을 얻기 위해서는 예수님에게 한번 살짝 왔다가 다시 돌아가는 것이 아니라 예수님과 함께 살면서 예수님에게서 배워야 한다고 말씀하십니다.

> 나의 멍에를 메고 내게 배우라(마 11:28b).

그러면서 우리가 부담을 받을까 걱정되셔서 우리 마음을 편하게 하는 말씀을 덧붙이십니다.

> 내 멍에는 쉽고 내 짐은 가벼움이라(마 11:28c).

예수님의 이 말씀을 깊이 생각할 때, 우리가 사는 현실을 먼저 바라보고 거기서부터 생각할 수 있습니다.

'아, 우리는 날마다 정말 힘들게 살고 있지. 지금은 2년 넘게 지속하는 팬데믹 속에서 정말 힘들게 살고 있지. 우리는 수고하고 무거운 짐을 진 사람들이지. 아, 이런 우리를 예수님이 부르시는구나. 자기에게로 와서 쉼과 안식을 얻고 누리라고 부르시는구나. 그러니 예수님에게로 나아가야 하겠다. 예수님을 믿어야 하겠다. 예수님 안에서 쉼과 안식을 얻고 누려야 하겠다.'

이런 식으로, 이런 관점으로 예수님의 이 말씀을 생각할 수 있습니다. 나쁜 것도, 잘못된 것도 아닙니다. 하지만 예수님의 이 말씀을 깊이 생각할 때, 더 좋은 방법이 있습니다. 우리가 사는 현실을 먼저 바라보지 않고 예수님을 먼저 바라보고 거기서부터 생각하는 것입니다.

'아, 예수님은 왜 우리에게 쉼과 안식을 주시려고 이토록 간절히 우리를 부르시는 것일까?

예수님은 자기가 겸손하고 온유하다고 자기 입으로 말씀하시지 않는데 왜 여기에서는 그런 말씀까지 하시면서 우리를 쉼과 안식으로 간절히 부르시는 것일까?

우리를 바라보실 때 예수님은 도대체 어떤 심정이시길래 이렇게 쉼과 안식으로 부르시는 것일까?'

이런 식으로, 이런 관점으로 예수님의 이 말씀을 생각할 수 있습니다.

사람이 어릴 때는 다른 사람의 말을 들을 때 먼저 자기 처지에서 생각하고 자기중심적으로 생각합니다. 하지만 철이 들고 성숙해지면 자기에게 말하는 사람을 이해하려고 애쓰고 그 사람 처지에서 생각하려고 합니다.

우리도 예수님의 말씀을 들을 때, 그런 성숙한 태도를 보여야 합니다. 그러므로 오늘 본문 말씀에서 제일 먼저 예수님을 바라보십시오. 그리고 다음과 같이 생각하십시오.

'예수님은 우리가 참된 쉼과 안식을 누리지 못하고 수고하고 무거운 짐을 지고 사는 것을 왜 그렇게 안타깝게 여기시고 어떻게든 그것을 해결해 주려고 하실까?

왜 그러시는 걸까?'

이런 질문을 마음에 품고 예수님을 바라보고 또 바라보면 떠오르는 성경 구절이 둘 있습니다. 요한복음 5장 19절입니다.

> 내가 진실로 진실로 너희에게 이르노니 아들이 아버지의 하시는 일을 보지 않고는 아무것도 스스로 할 수 없나니 아버지께서 행하시는 그것을 아들도 그와 같이 행하느니라(요 5:19).

요한복음 6장 16절입니다.

> 내 교훈은 내 것이 아니요 나를 보내신 이의 것이니라(요 6:16).

그러니까 우리가 수고하고 무거운 짐을 지고 참된 쉼을 누리지 못하는 것을 예수님이 그토록 안타깝게 여기시고 어떻게든 해결해 주려고 하시는 것은 결국 성부 하나님 때문입니다.

성부 하나님이 저 하늘에서 아들이신 예수님에게 그런 마음을 먼저 보여 주셨고 항상 보여 주셨기 때문에 아들이신 예수님도 똑같은 마음으로 사람들을 바라보시는 것입니다. 성부 하나님이 예수님에게 "세상에 가서 사람들에게 안식을 줄테니 나에게로 오라"라고 외치라 하셨기 때문에 예수님이 오늘 본문에 기록된 초대를 말씀하신 것입니다. 그러므로 결국 우리는 성부 하나님을 바라보면서 다음과 같이 생각하지 않을 수 없습니다.

'성부 하나님은 우리가 참된 쉼과 안식을 누리지 못하는 것을 왜 그렇게 안타깝게 여기시고 어떻게든 해결해 주려고 하실까?'

우리의 생각이 여기까지 미치게 되면, 생각하지 않을 수 없는 성경 구절이 하나 있습니다. 그것은 창세기 2장 1절에서 3절까지의 말씀입니다. 사람에게 안식을 주시려고 하는 하나님의 간절한 마음을 처음으로 엿볼 수 있는 곳이 바로 그곳이기 때문입니다. 거기 이렇게 적혀 있습니다.

> 천지와 만물이 다 이루니라 하나님의 지으시던 일이 일곱째 날이 이를 때에 마치니 그 지으시던 일이 다하므로 일곱째 날에 안식하시니라 하나님이 일곱째 날을 복 주사 거룩하게 하셨으니 이는 하나님이 그 창조하시며 만드시던 모든 일을 마치고 이 날에 안식하셨음이더라(창 2:1-3).

잘 보십시오. 성부 하나님은 사람을 창조하신 다음 날을 안식일로 정하시고 그날 사람으로 하나님과 함께 쉬게 하셨습니다. 흙으로 빚어진 사람이 신이신 하나님과 함께 쉬도록 하셨습니다. 시간 속에 사는 사람이 영원한 세계에 사시는 하나님과 함께 쉬게 하셨습니다. 땅에 발을 딛고 사는 사람이 저 하늘에 거하시는 하나님과 함께 쉬도록 하셨습니다.

그렇게 일주일에 한 번씩 안식일을 지낼 때마다 사람으로 영광스럽고 존귀하고 행복한 안식을 누리게 하다가 나중에는 사람을 진짜로 영원한 천국에 끌어올려 그 모든 안식을 완전하게 누리게 하는 것이 하나님의 목표이었기 때문입니다.

그러니까 처음부터 하나님이 사람에게 주려고 하셨던 쉼과 안식이라는 것은 우리의 지친 몸과 마음을 쉬게 해 주는 그런 수준의 쉼과 안식이 아니었던 것입니다. 처음부터 하나님이 사람에게 주려고 하셨던 쉼과 안식은 신령하고 영광스럽고 영원한 안식이었습니다.

하나님이 우리를 위해서 모든 일을 완전하고 완벽하게 행하신 것을 보면서 누리는 안식, 신이신 하나님의 사랑을 받고 하나님을 사랑하면서 누리는 안식, 나중에는 하나님이 거하시는 하늘의 천국에 들어가서 하나님과 함께 완전하고 영원한 안식을 누리는 그런 안식이었습니다.

그런데 어떻게 되었습니까?

맨 처음 사람 아담이 첫 번째 날에 그런 안식을 맛보고서도 마음에 헛된 욕심이 생겨 죄를 짓고 하나님을 배반하였습니다. 그래서 하나님이 목표하신 안식에 들어갈 수 없는 상태로 떨어졌습니다. 땅에서도 수고하고 무거운 짐 진 자로 살게 되고 죽음을 통과한 후에는 영원한 저주와 형벌 가운데 살 수밖에 없는 상태로 떨어지게 되었습니다.

그러니 그런 사람을 바라보셔야 하는 성부 하나님의 마음은 어떻겠습니까?

그런 사람을 바라보실 때마다 성부 하나님의 마음은 얼마나 찢어질 듯 아프겠습니까?

성부 하나님의 그런 마음이 아들의 눈에 안 보일 리 있겠습니까?

저 하늘에 있을 때부터 성자 예수님은 성부 하나님의 그런 마음을 늘 보았고 늘 알았을 것입니다. 예수님은 자기와 성부 하나님은 하나라고 늘 말씀하셨으니까 성부 하나님의 그런 마음을 백 퍼센트 보았고 백 퍼센트 알았을 것입니다.

그래서 성부 하나님이 안식을 잃어버린 사람들을 구원하여 다시 그 영원하고 참된 안식으로 들어가게 만드시겠다고 구원의 계획을 세우셨을 때, 그 계획이 성자 예수님에게는 이 세상에 사람으로 태어나서 십자가에 못 박혀 죽는 비참한 일이었지만 아버지의 기쁨과 사람의 안식을 위하여 그 일을 순종하겠다고 나선 것입니다.

이런 성자 예수님을 성부 하나님은 지극히 사랑하셨고, 그에게 모든 것을 다 주셨습니다. 골로새서 1장 19절에 이런 말씀이 있습니다.

> 아버지께서는 모든 충만으로 예수 안에 거하게 하시고(골 1:19).

성부 하나님은 우리에게 필요한 모든 쉼과 안식도 예수님 안에 다 주셨습니다. 그리고 누구든지 참된 안식을 얻으려고 예수님에게 오면 예수님이 그 사람에게 친히 안식을 주시도록 하셨습니다. 그래서 오늘 본문 말씀에서 예수님은 간절한 마음으로 말씀하시는 것입니다.

> 수고하고 무거운 짐 진 자들아 다 내게로 오라 내가 너희를 쉬게 하리라(마 11:28).

여기에는 이렇게 길고 오래되고 깊은 사연이 있습니다.
"수고하고 무거운 짐 진자들아 다 내게로 오라 내가 너희를 쉬게 하리라"라는 이 말씀은 어느 날 갑자기 즉흥적으로 나온 말씀이 아닙니다.

예수님은 하나님이 사람을 창조하실 때 사람을 향해 품으셨던 위대한 목표가 사람에게 참되고 영원한 안식을 주는 것임을 오래전부터 아셨습니다. 사람이 타락한 후에 그 안식에 들어갈 수 없게 된 사람을 바라보시는 하나님의 아픈 마음을 오래전부터 보셨습니다. 하나밖에 없는 자기 아들을 죽여서라도 그런 사람들을 구원하여 영원한 안식에 들어가게 하시려는 하나님의 확고한 결심을 오래전부터 아셨습니다. 그래서 우리에게 들려주신 말씀입니다.

또한 이 말씀은 세상에서 힘들게 사는 우리에게 그나마 마음이라도 위로해 주고 편하게 해 주시겠다는 뜻이 아닙니다. 물론 예수님은 그런 쉼과 안식도 주십니다. 그러나 예수님의 이 말씀은 사람을 창조하실 때부터 성부 하나님이 사람을 위해서 목표로 세우셨던 저 영원하고 참된 안식을 우리에게 다시 주시겠다는 말씀입니다.

아담이 죄를 짓는 순간 완전하게 잃어버린 그 복되고 영원한 안식을, 우리는 전혀 신경도 안 쓰고 사는 그 복되고 영원한 안식을 예수님이 선물로 줄 테니까 예수님에게 오라고 부르신 것입니다.

그러니 이 말씀은 얼마나 깊고 놀라운 내용을 담고 있는 말씀입니까?

그러므로 예수님의 이 말씀을 너무 현실적으로만 생각하지 마십시오.

'아, 내가 인생을 살면서 힘들고 지칠 때마다 예수님에게 가면 쉼과 안식을 얻을 수 있다는 말씀이구나. 내가 요즘 몸도 마음도 많이 지치고 피곤한데 예수님에게 나아가서 쉼과 안식을 얻어야겠다.'

그렇게 너무 현실적으로만 생각하지 마십시오. 그렇게 생각하지 말라는 말씀이 아닙니다. 그런 쉼과 안식을 얻기 위하여 예수님을 의지하지 말라는 말씀도 아닙니다. 그렇게 너무 현실적으로만 생각하지 말라는 것입니다. 그것부터 생각하지 말라는 말입니다. 그것만 생각하고 정작 더 중요한 것을 놓치지 말라는 말입니다.

예수님의 이 말씀을 생각할 때는 창세기 2장 1-3절부터 시작해서 요한계시록 21장까지 인류의 큰 역사를 따라 생각하십시오.

하나님이 사람을 창조하실 때 사람에게 궁극적으로 주려고 하신 안식, 사람이 죄를 짓고 하나님을 배신하고 타락했지만, 하나님이 자기 아들을 우리 대신 죽게 하시면서까지 우리에게 주려고 하시는 안식, 흙으로 빚어져 땅에 사는 우리가 하나님이 계시는 하늘에 끌어올려 하나님과 함께 영원한 영광을 누리며 사는 안식, 저 위대한 안식, 저 영원한 안식, 저 영광스러운 안식, 저 참된 안식을 주시겠다며 예수님이 우리를 부르셨다는 사실을 생각하십시오.

혹시 여러분 중에 교회를 오래 다녔지만, 아직도 하나님이 사람에게 주시려는 안식, 예수님이 주시겠다고 약속하시는 이런 안식이 여러분에게 필요하지 않고 중요하지도 않다고 느끼십니까?

힘든 일을 겪을 때, 하나님이 여러분의 마음에 쉼과 안식을 주시는 것은 가끔 필요하고 중요하다고 생각하지만, 창세기 2장 1-3절에서 하나님이 사람에게 주고자 하신 세 가지 안식은 여러분에게 필요하지도 않고 중요한 것도 아니라고 생각하십니까?

여러분의 생각과 판단은 틀릴 때가 많다는 것을 여러분도 잘 알고 있을 텐데 여러분의 그런 생각, 그런 판단이 정말로 옳다고 생각하십니까?

편견 없이 생각해 보십시오.

만일 흙으로 지어진 우리 사람에게 그런 안식이 필요하지 않고 중요하지도 않다면, 하나님이 뭐하러 그런 안식을 사람에게 주시려고 처음부터 그렇게 애쓰셨겠습니까?

인간이 죄를 짓고 타락한 이후에 하나님이 뭐하러 계속해서 안식일을 강조하셨겠습니까?

하나님이 뭐하러 자기 아들을 죽이시면서까지 우리에게 그런 안식을 주시겠다고 작정하시고 실행에 옮기셨겠습니까?

예수님이 뭐하러 우리에게 그런 안식을 얻으러 자기에게 오라고 그렇게 간절하게 부르시고 최선을 다해서 호소하셨겠습니까?

예수님이 뭐하러 십자가에 못 박혀 죽으셨겠습니까?

그러므로 이 땅을 사는 동안 우리가 삶의 가장 중요한 목표로 삼아야 할 것은 다른 것이 아닙니다. 그것은 성부 하나님이 사람을 창조하실 때 사람에게 주려고 하신 참되고 영원한 안식에 도달하고 그 안식을 누리는 것입니다. 성자 예수님이 우리를 간절히 부르실 때 약속하신 참되고 영원한 안식에 도달하고 그 안식을 누리는 것입니다.

이 땅에 사는 동안 예수님을 믿고 의지함으로써 그 안식 안으로 다시 들어가고 주일마다 그 안식을 규칙적으로 누리고 죽음을 통과해서는 천국에 들어가서 그 안식을 완전하게 영원히 누리는 것입니다. 이것이 우리 삶의 가장 중요한 목표가 되어야 합니다.

돈을 더 많이 버는 것, 성공하는 것, 유명해지는 것, 더 큰 집을 사고 집을 여러 채 가지는 것, 더 큰 차를 타고 더 많이 놀러 다니는 것, 은퇴 준비를 잘해서 은퇴를 일찍 하고 편히 쉬는 것. 절대로 이런 것들이 우리 삶의 중요한 목표가 되어서는 안 됩니다.

하나님은 이런 사람들을 어리석은 사람이라고 분명하게 말씀하셨습니다. 맞습니다. 어리석은 사람입니다. 사람으로 태어나 하나님의 은혜를 힘입고 도달할 수 있는 저 영광스럽고 찬란하며 영원한 안식이 있는데도 그저 이 세상에서 조금 더 행복하고 폼 나게 살려고 할 뿐이니, 어떻게 어리석은 사람이 아니겠습니까.

오늘 본문 말씀에서 예수님이 우리를 얼마나 영광스럽고 존귀한 안식으로 우리를 초대하셨는지 아는 데는 하나님의 은혜가 절대적으로 필요합니다. 그래서 에베소서 1장 17-19절에서 사도 바울은 하나님이 우리의 마음을 밝게 만들어 주셔야만 그것을 제대로 알 수 있다고 말합니다.

> 우리 주 예수 그리스도의 하나님, 영광의 아버지께서 너희 마음눈을 밝히사 그의 부르심의 소망이 무엇이며 성도 안에서 그 기업의 영광의 풍성이 무엇이며 그의 힘의 강력으로 역사하심을 따라 믿는 우리에게 베푸신 능력의 지극히 크심이 어떤 것을 너희로 알게 하시기를 구하노라(엡 1:17-19).

기도합시다. 하나님께서 우리 마음의 눈을 밝혀 주셔서 하나님이 창조하실 때부터 사람에게 주려고 하신 쉼과 안식이라는 것이 얼마나 복되고 얼마나 영광스럽고 얼마나 행복한 것인지를 선명하게 알 수 있게 해 달라고 간구합시다.

하나님이 자기 아들을 우리 대신 십자가에 못 박혀 죽게 하시면서까지 우리에게 주려고 하시는 쉼과 안식이라는 것이 얼마나 가치 있고 얼마나 소중하고 얼마나 필요한 것인지를 선명하게 알 수 있게 해 달라고 간구합시다. 그리고 조금 알게 되든 많이 알게 되든 그 안식을 얻고 누리기 위해서 예수님에게 나아갑시다.

땅에서 지내는 모든 안식일 우리 사랑하지만
저 하늘에 더 고귀한 안식 있으니
애타는 마음으로 그 안식 고대합니다
간절한 소망과 강한 열망으로

피로나 괴로움도 그곳엔 없고
죄도 죽음도 그곳엔 이르지 못하리
영생을 얻은 이들 부르는 노래에는
한숨이나 신음 섞이지 않으리

화난 원수의 습격 없고
긴 휴식을 깨는 염려 없으며
한밤중 그늘 구름 가린 태양도 없고
거룩하고 높고 영원한 정오만 있으리

주님의 보좌에 우리 모이게 하시고
가장 낮은 자리만 우리에게 주소서
거기서 우리 주님의 찬송 외치고
승리한 거룩한 무리의 노래 함께 부르리

오랫동안 고대하던 날이여 시작하여라
고통과 죄의 영역에 여명으로 밝아 오라
기쁨으로 우리 갈 길 다 가고
하나님과 쉬기 위해 죽음의 잠을 자리니

– 필립 도드리지 Philip Doddridge

부록
질문과 답변

/질문 1/

그리스도인이 주일을 어떻게 지내야 하는지를 진지하게 생각하고 올바르게 실천하는 일이 왜 그렇게 중요한 일입니까?
주일 하루보다는 오히려 평일 6일을 어떻게 사느냐가 더 중요한 일이 아닐까요?

평일 6일을 하나님 앞에서 경건하게 사는 것이 중요한 것은 분명한 사실입니다. 하지만 하나님의 말씀을 보십시오. 예를 들어, 사람이 행해야 할 가장 근본적인 삶의 내용을 법으로 만든 십계명의 네 번째 계명을 보십시오.

하나님은 주일 하루를 어떻게 지내느냐를 더 중요하고 근본적인 문제로 다루셨습니다. 하나님은 사람에게 주일 하루를 구별하여 거룩하게 지킬 것을 엄히 명하셨습니다. 그러므로 우리는 하나님을 따라서 사람이 주일을 어떻게 지내느냐를 더 중요하고 근본적인 문제로 여깁니다. 하나님이 우리에게 그렇게 가르쳐 주셨기 때문입니다.

어떤 사람들은 평일 6일을 하나님 앞에서 경건하게 살지 않은 사람이 주일이 되었다고 갑자기 경건하게 살 수 있겠느냐며 평일 6일의 삶이 더 우선적이고 더 중요한 것처럼 말합니다. 맞는 말입니다. 평일 6일의 삶을 경건하지 않게 산 사람이 주일이 되었다고 해서 갑자기 경건하게 살 수 있는 것은 아닙니다. 하지만 정반대의 논리도 가능하고 정반대의 논리가 훨씬 더 정확한 사실입니다.

주일 하루를 하나님 앞에서 경건하게 살지 않고 하나님이 주신 안식을 충분하게 누리지 않은 사람이 과연 평일 6일의 삶을 경건하게 살 수 있을까요?

이렇게 분주하고 복잡하고 거친 세상에서 말입니다.

주일의 삶은 평일 6일의 삶에 영향을 미치고 평일 6일의 삶도 주일의 삶에 영향을 미칩니다. 하지만 둘 중의 어떤 것을 더 우선하여 생각해야 하느냐를 결정할 때는 하나님의 결정을 그대로 따라야 합니다.

우리가 하나님보다 지혜로울 수 없고 우리의 삶에 어떤 것이 중요하고 우선인지를 결정할 수 있는 절대적인 권한이 하나님께 있기 때문입니다. 그러므로 먼저 주일을 어떻게 지내야 하는지부터 진지하게 생각하고 올바르게 실천하십시오. 그러면 평일 6일도 경건하게 살 수 있을 것입니다. 우리의 삶이 이런 순서로 돌아가는 것이 하나님의 뜻입니다.

> /질문 2/
>
> 오늘날 우리가 지내는 신약의 주일은 구약의 안식일과 다른 날인데 왜 신약의 주일을 생각할 때 구약의 안식일을 정확하게 이해하는 것부터 시작해야 합니까?

성경 전체를 보면, 구약은 신약과 연결되어 있습니다. 구약에서 시작된 어떤 계시가 점진적으로 발전하여 신약에서 완성되는 흐름으로 되어 있습니다. 그러므로 성경을 해석할 때는 구약과 신약을 항상 연결하여 해석하는 것이 바람직합니다. 그래서 구약으로 신약을 해석하고 신약으로 구약을 해석해야 한다는 말이 나온 것입니다.

구약의 어떤 것들은 구약 시대에 어떤 역할을 감당하고 신약 시대가 열리면서 새로운 것으로 대체됩니다. 하지만 그렇다고 해서 두 가지가 완전히 별개의 것으로 생각하는 일은 옳지 않습니다. 두 가지는 다르지만 서로 연결되어 있기 때문입니다.

예를 들어, 구약에는 유월절 만찬이 있습니다. 하나님이 이스라엘을 이집트에서 구원해 낸 것을 기념하는 만찬입니다. 하지만 신약으로 넘어오면 유월절 만찬은 끝나고 예수님이 제정해 주신 성찬식으로 대체됩니다. 하지만 그렇다고 해서 유월절 만찬과 성찬식이 전혀 무관한 것은 아닙니다.

신약의 성찬식이 어떤 것인지를 이해하려고 할 때, 우리는 먼저 유월절을 살펴보면서 하나님께서 자신이 행하신 구원을 우리에게 어떻게 기념하고 기뻐하게 하시는지를 확인하면서 신약의 성찬식을 더 잘 이해할 수 있게 됩니다.

이런 점에서 신약 시대를 사는 우리가 신약의 주일을 생각할 때 구약의 안식일부터 들여다보는 것은 결코 이상한 일이 아닙니다. 오히려 바람직한 일입니다.

구약의 안식일을 정확하게 살펴보아야만 하나님께서 왜 시간의 흐름을 정하실 때 일주일에 한 번씩 복된 휴일을 우리에게 허락해 주셨는지를 배우게 되고 그것이 신약의 주일에 어떻게 완성되었는지도 알 수 있고 신약의 주일이 갑자기 생긴 것이 아니라 창조 때부터 하나님이 작정하시고 계획하셔서 오늘 우리에게 주어진 것이라는 사실도 알 수 있기 때문입니다.

/질문 3/

구약의 안식일을 생각할 때, 창세기 2장 1-3절부터 시작하고 다음에는 출애굽기 16장과 20장을 살펴보아야 한다고 하는데 왜 그런 순서를 따라서 안식일을 이해해야 합니까?

앞에서도 말씀드린 바와 같이 하나님께서는 어떤 진리를 시간의 흐름 속에서 점진적으로 계시해 주십니다. 그러므로 성경이 계시하는 어떤 진리를 배워 나갈 때 그 진리가 시간의 흐름 속에서 어떻게 발전되었는지를 살펴보는 것은 매우 중요하고 꼭 필요합니다.

이런 차원에서 신약의 주일을 생각할 때, 구약의 안식일부터 생각하기 시작해야 합니다. 그리고 구약의 안식일을 생각할 때는 제일 먼저 창세기 2장 1-3절부터 들여다봐야 합니다. 인류 역사 가운데 최초의 안식일에 관한 기록이 거기에 담겨 있기 때문입니다.

창세기 2장 1-3절에서 우리는 첫 번째 안식일이 실행된 모든 상황을 눈여겨보면서 하나님이 우리에게 주신 안식일이라는 것이 어떤 날인지를 충분하게 파악해야 합니다.

그런 다음에는 인간의 타락 이후에 하나님이 안식일에 관하여 다시 분명하게 말씀하시는 출애굽기 16장을 들여다보면서 타락한 사람에게 하나님이 안식일과 관련하여 어떤 명령을 내리시는지를 보아야 합니다.

그런 후에는 출애굽기 20장에 기록된 십계명 중 네 번째 계명을 자세히 들여다보면서 하나님이 안식일과 관련한 법을 도덕법의 정수인 십계명 안에 어떻게 집어넣으셨는지를 살펴보아야 합니다.

흔히 구약의 안식일에 관하여 생각할 때, 창세기 2장 1-3절 말씀과 출애굽기 16장 말씀을 건너뛰고 십계명의 네 번째 계명부터 생각하는 일이 많은데, 이렇게 하면 많은 오해가 생기기 쉽습니다.

창세기 2장 1-3절에서 하나님이 사람에게 안식일을 만들어 주신 복된 이유를 충분하게 알지 못하고, 출애굽기 16장에서 타락한 사람에게 안식일 준수를 명하시면서 하나님이 사람의 삶을 책임져 주신 일을 분명하게 알지 못하고, 안식일에 아무 일도 하지 말라는 네 번째 계명만 생각하게 되면, 안식일은 무거운 짐이 되고 벗고 싶은 짐이 될 뿐입니다.

> **/질문 4/**
>
> 구약의 안식일은 의식법에 해당한다고 주장하는 사람들이 많이 있습니다. 그런 분들은 왜 그렇게 생각하고 주장하는 것입니까? 그런 주장은 과연 옳은 것입니까?

구약의 안식일이 의식법이라고 주장하는 분들 가운데는 경건하고 복음적인 분들이 많습니다. 그분들이 성경에 대해서 무지하거나 무슨 악의가 있어서 그런 주장을 펼치는 것은 아닙니다. 그러므로 어떤 사람이 구약의 안식일을 의식법이라고 주장한다고 해서 그 사람의 신앙과 경건을 의심하거나 비하해서는 안 됩니다.

사실, 구약의 안식일은 의식법이라고 오해받기가 쉽습니다. 왜냐하면, 구약의 제사, 절기 등과 밀접하게 연결되어 있어서 의식법의 요소가 함께 붙어 있을 때가 많기 때문입니다. 그래서 매우 탁월한 신학자들도 구약의 안식일을 의식법으로 여길 때가 있습니다.

그러나 구약의 안식일이 의식법의 요소와 연결되어 있다고 해서 의식법으로 규정하는 것은 옳지 않습니다. 왜냐하면, 하나님은 도덕법인 십계명에 안식일에 관한 계명을 집어넣으심으로써 그것이 모든 시대 모든 사람에게 적용되는 도덕법임을 분명하게 하셨기 때문입니다.

그러므로 안식일이 의식법에 해당한다고 주장하는 것이 얼마나 위험한 주장인지 아셔야 합니다. 그런 주장은 하나님이 정신이 없으셔서 의식법에 해당하는 안식일 규정을 엉뚱하게 도덕법에 집어넣으셨다고 말하는 것이나 다를 바가 없습니다.

안식일이 의식법이라고 계속 주장하시는 분들은 십계명에서 안식일에 관한 규정인 네 번째 계명을 빼야 한다고 주장합니다. 왜냐하면, 의식법이 폐지될 때 그것도 폐지되었기 때문에 모든 시대, 모든 사람에게 의무로 주어지는 십계명에서도 빠져야 한다고 생각하기 때문입니다.

그런데 생각해 보십시오.

하나님은 한 치의 오차도 실수도 없으신 완전하신 분이신데, 모든 시대, 모든 사람에게 의무로 주어지는 계명들을 돌판에 새겨 주실 때 이스라엘 사람들에게만 일시적으로 주어지는 안식일 계명을 그 안에 새겨 넣으셨겠습니까?

/질문 5/

구약의 안식일은 예수님의 그림자라고 말하는 사람들이 많습니다. 과연 그렇습니까?

교회 안에서 안식일이 예수님의 그림자라는 설명을 자주 들을 수 있습니다. 이런 설명의 근거가 되는 성경 구절은 골로새서 2장 16-17절 말씀입니다.

> 그러므로 먹고 마시는 것과 절기나 월삭이나 안식일을 인하여 누구든지 너희를 평론하지 못하게 하라 이것들은 장래 일의 그림자이나 몸은 그리스도의 것이니라(골 2:16-17).

하지만 여기에서 사도 바울이 말하는 '안식일'이라는 것은 절기에 붙어 있는 특별한 안식일이지 일주일 중의 하루씩 꼬박꼬박 주어지는 안식일이 아닙니다. 그래서 사도 바울은 '절기나 월삭이나 안식일'이라고 말한 것입니다.

구약의 모든 의식법은 장차 오실 예수 그리스도를 미리 보여 주는 그림자입니다. 그러므로 구약의 절기에 붙어 있는 특별한 안식일들은 그것이 붙어 있는 절기와 함께 그리스도를 보여 주는 그림자입니다. 그래서 이런 것들은 예수님이 실제로 이 세상에 오시면 그 역할을 다 하고 사라질 것이었습니다. 사도 바울이 폐지되었고 우리와 상관이 없다고 말하는 안식일은 이런 종류의 안식일입니다.

그러나 도덕법에서 말하는 안식일, 곧 일주일마다 한 번씩 돌아오는 안식일은 의식법이 아니기 때문에 그리스도를 보여 주는 그림자도 아니고 그리스도께서 오셨을 때 없어질 것도 아닙니다.

물론 도덕법에서 말하는 안식일, 곧 일주일마다 한 번씩 돌아오는 안식일도 그리스도 안에 있는 참되고 복된 안식을 연상시키는 대목이 있습니다. 안식일이 말하고 있는 참되고 복된 안식이라는 것은 결국 예수 그리스도께서 우리에게 가져오시는 것이고 예수 그리스도 안에서 누릴 수 있는 것이기 때문입니다.

하지만 도덕법에서 말하는 안식일, 곧 일주일마다 한 번씩 돌아오는 안식일은 예수님이 오시고 나면 그 역할을 다하고 없어질 것이 아닙니다. 그러므로 이런 안식일은 예수님의 그림자라고 말할 수 없습니다. 이것을 잘 구분할 줄 알아야 합니다

> /질문 6/
> 예수님이 구약의 안식일을 폐지하셨다고 말하는 것을 자주 듣습니다.
> 그 말은 무슨 뜻입니까?

예수님이 구약의 안식일을 폐지하셨다는 말은 정확하지 않은 표현이고 오해의 소지가 많은 표현입니다. 그러므로 예수님이 구약의 안식일을 폐지하셨다는 표현을 쓸 때는 말하는 사람이 자기가 무슨 뜻으로 그런 말을 하는지를 정확하게 밝히는 것이 중요합니다.

그렇게 하지 않으면 듣는 사람은 문자적 의미로만 받아들여 예수님이 구약의 안식일을 폐지하셨다는 것에 관해 엉뚱한 생각을 할 수 있습니다. 예를 들어, 예수님이 안식일 자체를 폐지하시고 안식일과는 전혀 다른 주일을 우리에게 주셨다고 생각할 수 있습니다. 그러나 이것은 사실이 아닙니다.

예수님이 이 세상에 오셔서 사람으로 사실 때, 예수님 자신도 안식일을 지키셨습니다. 예수님은 안식일을 친히 지키셨을 뿐만 아니라 바리새인들의 잘못된 안식일 준수를 책망하셨고 안식일을 올바르게 지키는 방법을 친히 가르쳐 주셨습니다.

그리고 십자가에서 죽고 부활하신 후에는 자신이 부활하신 날, 곧 안식일 다음 날인 일주일의 첫째 날을 우리에게 주일로 만들어 주시고 그날 우리에게 신령한 안식을 친히 나누어 주셨습니다. 그럼으로써 구약에서 일주일의 마지막 날에 지키던 안식일은 이제 의미가 없고 그것을 지킬 의무도 없어진 것입니다.

그러므로 예수님은 안식일을 폐지하신 것이 아니라 안식일의 요일을 바꾸어 주신 것입니다. 일주일 가운데 하루를 안식일로 지키게 하시는 하나님의 뜻은 그대로 살리면서 그날을 자신이 부활하신 날로 바꾸신 것입니다. 그러면서 예수님은 신약의 안식일인 주일을 구약의 안식일보다 더 복되고 더 영광스럽게 만들어 주셨습니다.

왜냐하면, 신약의 안식일에는 예수 그리스도께서 우리의 죄를 대신 짊어지고 죽으시고 부활하심으로써 우리의 구원이 완전하게 이루어진 것을 바라보면서 안식할 수 있도록 해 주셨기 때문입니다.

/질문 7/

예수님은 수고하고 무거운 짐 진 자들을 자기에게 초대하시면서 자기에게 오면 참된 안식을 주시겠다고 약속하셨습니다.
그러므로 지금은 주일을 거룩하게 지키는 것이 중요한 것이 아니라 예수님에게 믿음으로 나아가는 것이 중요한 것 아닙니까?

맞습니다. 타락한 사람은 예수님에게 믿음으로 나아갈 때 예수님 안에서 참된 안식을 얻을 수 있고 더 풍성히 얻을 수 있습니다. 거듭나지 않은 사람도 하나님이 창조하신 세상에 살고 있으므로 하나님의 법에 순종할 의무가 있고 특별히 시간 속에 살고 있어서 일주일 중의 한 날, 하나님이 정하신 날에 모든 일을 쉬면서 안식을 해야 할 의무가 있습니다.

하지만 거듭지 않은 사람에게는 그런 의무를 준수할 의지도 없고 그런 의무를 준수할 능력도 없습니다. 이런 사람에게 먼저 필요한 일은 하나님의 은혜로 거듭나는 일이며 그래서 믿음으로 예수님에게 나아가는 것입니다.

그러나 하나님의 은혜로 거듭나서 믿음으로 예수님에게 나아가 참된 안식을 얻은 사람은 결코 하나님이 안식을 위해서 주신 일주일 중의 한 날, 곧 신약의 주일을 무시하지 않습니다. 자기는 예수님에게 믿음으로 나아가서 안식을 이미 얻었고 지금도 얻고 있으니까 신약의 주일을 구별해서 지키면서 그날 신령한 안식을 얻을 필요가 없다고 생각하지 않습니다.

신약의 주일은 우리에게 안식을 주신 예수님이 시간 속에 사는 우리에게 더 풍성한 안식을 주시기 위하여 구별해 주신 매우 특별하고 자유롭고 복된 시간임을 분명하게 알고 존중하기 때문입니다.

그리고 신약의 주일을 거룩하게 지킨다는 것은 평일에 할 수 있는 일들을 다 내려놓고 그날 하루는 온전하게 성부,

성자, 성령 하나님과 거룩한 교제를 나누면서 저 하늘의 영원한 안식을 미리 바라보는 것이기 때문에 결국 신약의 주일을 거룩하게 지키는 사람은 그날 믿음을 가지고 성부, 성자, 성령 하나님께 집중해서 나아가는 셈입니다.

그러므로 신약의 주일을 거룩하게 구별하여 지키는 사람이야말로 안식을 얻기 위하여 믿음을 가지고 예수님에게 나아가는 일을 제일 열심히 하는 사람입니다. 주일을 지키는 일과 예수님에게 나아가는 일은 그렇게 연결되어 있습니다.

/질문 8/

신약의 주일이 구약의 안식일과 같은 점은 무엇이고 다른 점은 무엇입니까?

구약의 안식일과 신약의 주일은 서로 연결되어 있지만 서로 다른 점도 있습니다. 마치 구약의 할례와 신약의 세례가 서로 연결되어 있지만 서도 다른 점도 있는 것과 같습니다.

먼저, 구약의 안식일과 신약의 주일의 서로 같은 점을 생각해 보겠습니다. 구약의 안식일이나 신약의 주일은 사람에게 참되고 복된 안식을 주고자 하시는 하나님의 선한 의도에서 주어진 '안식일'이라는 점에서 똑같습니다. 또 구약의 안식일에서나 신약의 주일에서나 하나님이 사람에게 주고자 하시는 안식의 근본적인 내용이 사실상 똑같다는 것입니다. 이것에 관해서는 앞의 설교에서 자세히 말씀드린 바 있습니다.

구약의 안식일과 신약의 주일이 다른 점도 있습니다. 요일이 변경되었다는 것입니다. 하지만 더 큰 차이가 있습니다. 구약의 안식일이 우리에게 줄 수 있는 안식보다 신약의 주일이 우리에게 줄 수 있는 안식이 훨씬 더 크고 훨씬 더 영광스럽다는 것입니다. 왜냐하면, 하나님의 아들이신 예수님이 이 세상에 오셔서 우리의 구원에 필요한 모든 일을 실제로 완성하셨기 때문입니다.

그리고 이제는 성령 하나님의 역사가 구약 시대와는 비교도 할 수 없을 정도로 더 풍성하고 더 온전해졌기 때문입니다. 그리고 예수님이 하늘로 올라가심으로써 천국의 영광이 더 확실해졌기 때문입니다.

하나님께서 세상을 다 창조하신 후에 제일 먼저 하신 일이 사람에게 안식일을 만들어 주신 것입니다. 우리 같은 사람에게 참되고 복된 안식을 주시려고 그렇게 하신 것입니다. 이렇듯 안식일은 처음부터 하나님의 무한한 사랑에서 비롯된 위대한 선물이었습니다.

그런데 신약의 주일은 이미 그렇게 위대한 선물을 하나님의 아들이신 예수님의 고귀한 희생으로 훨씬 더 풍성하게 만들고 훨씬 더 영광스럽게 만들어서 우리에게 또다시 선물로 주신 것이니 얼마나 더 감사한 선물이겠습니까!

주일을 어떻게 지켜야 한다는 사실을 생각하기 전에 이것 때문에 감격하며 울 수 있어야 합니다.

/질문 9/
신약의 주일을 율법적으로 지키는 것과 복음적으로 지키는 것은 구체적으로 어떻게 다릅니까?

어떤 사람의 신앙적인 행동이 율법적이라고 말할 때는 크게 두 가지 의미입니다.

첫째, 그 사람이 예수 그리스도의 완전한 순종을 믿음으로 의지하지 않고 자기 자신이 자기 자신의 힘과 노력으로 하나님의 말씀을 순종하여 하나님 앞에서 옳은 사람으로 인정받고자 한다는 것입니다.

둘째, 그 사람이 하나님을 사랑하는 마음과 하나님의 은혜에 감사하는 마음으로 순종하지 않고 그저 어떤 법이나 규칙을 자기가 완성하고 싶은 마음이나 벌을 받고 싶지 않은 마음으로 순종한다는 것입니다.

율법적인 신앙의 전형적인 모델이 되는 바리새인들의 신앙을 보면 이 두 가지 특징이 모두 있었습니다.

그러므로 어떤 사람이 예수 그리스도의 완전한 순종을 믿음으로 의지하면서 하나님에게 감사하는 마음과 하나님을 사랑하는 마음으로 자기 자신의 힘과 노력을 의지하지 않고 하나님의 은혜를 의지하면서 하나님의 어떤 명령을 온전하게 철저하게 순종하려고 애를 쓴다면, 그것은 결코 율법적인 신앙이 아닙니다.

어떻게 그런 동기와 그런 목표와 그런 내용의 신앙이 율법주의적인 신앙이겠습니까?

무율법주의자 또는 반율법주의자가 많은 오늘날에는 이러한 신앙조차도 율법주의적인 신앙이라고 비난을 받고 조롱을 받지만 이러한 신앙은 결코 율법주의적인 신앙이 아닙니다.

그러므로 우리가 주일을 왜 거룩하게 지키는지, 어떤 목표를 가지고 거룩하게 지키는지, 또 어떤 심정으로 거룩하게 지키는지를 살펴보면 우리가 주일을 율법적으로 지키는 사람인지 복음적으로 지키는 사람인지를 분별할 수 있습니다.

주의할 것은 우리가 주일을 아주 엄격하게 지킨다고 해서 율법적인 차원에서 주일을 지킨다고 단정할 수도 없고 반대로 우리가 예수님의 은혜를 즐거워하면서 주일을 자유롭게 지킨다고 해서 복음적인 차원에서 주일을 지킨다고 단정할 수도 없다는 것입니다. 그러므로 주일을 지키는 동기, 내용, 목표 등을 먼저 잘 점검하고 판단해야 합니다.

> **/질문 10/**
>
> 17세기 청교도들의 주일성수를 율법적인 신앙이라고 비판하는 사람들이 있습니다.
> 과연 그렇습니까?

17세기 영국의 청교도들은 주일을 거룩하게 지키는 것과 관련하여 철저하려고 애썼던 사람들이었습니다. 그러다 보니 그들은 주일에 할 수 있는 일과 하지 말아야 할 일에 대하여 오늘날 우리가 볼 때 좀 지나치다 싶을 정도의 구체적인 항목들을 가지고 있었고 철저하게 실천했습니다.

그래서 오늘날 안식일이 의식법이라고 생각하는 사람들과 주일을 특별하게 지킬 필요가 없다고 생각하는 사람들은 청교도들의 주일성수를 율법적인 신앙으로 매도하기도 합니다. 왠지 청교도들의 주일성수가 바리새인들의 율법적인 신앙과 비슷하다고 느끼기 때문입니다.

하지만 대부분의 건전한 청교도들이 복음에 대한 분명한 이해와 믿음이 있었다는 사실을 간과해서는 안 됩니다. 청교도들은 예수 그리스도의 죽으심과 부활을 통하여 우리에게 완전한 의가 믿음 안에서 주어져 있다는 사실을 누구보다 강조했던 사람들이었습니다.

또한, 청교도들은 인간이 본성의 노력이나 힘으로는 하나님의 말씀을 순종할 수 없다는 사실도 누구보다 강조했던 사람들이었습니다. 또한, 청교도들은 하나님의 사랑과 은혜에 감사하는 마음으로 순종하는 것이 아니면 온전한 순종이 될 수 없다는 사실도 누구보다 강조했던 사람들이었습니다.

청교도들이 주일에 사람이 할 수 있는 일과 하지 말아야 할 일의 목록을 어느 정도 구체적으로 만들었을 때, 그 목록이 성경적으로 완전하지 않았을 수는 있습니다. 하지만 그것 때문에 청교도들의 주일성수가 율법적인 신앙이었다고 비난할 수 없습니다.

청교도들이 실천했던 내용 중에 지나친 점이 있다면 그것을 극복하고 보완하면 될 것입니다. 그러나 은혜에 감사하는 마음으로 하나님의 말씀을 철저히 순종하려고 했던 그들의 순수한 마음은 우리가 본받아도 될 것입니다. 물론 청교도들이 우리 신앙의 표준은 아닙니다. 오직 성경만이 우리 신앙의 표준입니다.

/질문 11/

주일을 거룩하게 구별하여 지키는 것과 관련하여 생존에 필수적인 일은 최소한으로 하고 하나님을 예배하는 일은 최대한으로 하고 자선을 베푸는 일은 최선을 다해서 하라고 하셨는데 왜 그렇게 해야 합니까?

구약의 안식일이나 신약의 주일에 우리가 할 수 있는 일로 성경이 허락하고 있는 일들은 크게 세 가지입니다.

첫째. 생존에 필수적인 일입니다.
둘째, 하나님을 예배하는 일입니다.
셋째, 자선을 베푸는 일입니다.

생존에 필수적인 일은 우리가 주일에도 안식을 누리는 데 힘쓰려면 기운이 있어야 하고 기본적인 활동을 할 수 있어야 하고 안전한 상황이 되어야 하기 때문입니다. 하나님을 예배하는 일은 우리가 참되고 복된 안식을 하나님 안에서 발견할 수 있고 누릴 수 있기 때문입니다. 자선을 베푸는 일은 우리가 누린 안식을 다른 사람들에게도 나누어 주어야 하기 때문입니다.

그런데 이 세 가지를 각각 어떤 비중을 두고 행하느냐를 결정하는 것은 참으로 많은 지혜가 필요합니다. 왜냐하면,

언제나 적용해야 할 기본적인 원칙이 있고 그 원칙을 변경할 수 있는 특별한 상황이 있기 때문입니다.

먼저, 기본적인 원칙부터 생각해 보겠습니다. 주일은 하나님이 우리에게 주시는 신령한 안식을 풍성히 얻는 날이므로 생존에 필수적인 일을 최소한으로 해야 합니다. 그리고 하나님을 예배하는 일에 최대한의 시간과 마음을 써야 합니다. 그러는 가운데 하나님이 우리에게 주신 안식을 이웃과 함께 나누기 위하여 자선의 일에도 힘써야 합니다.

그러나 항상 이렇게 할 수 있는 것은 아닙니다. 특별한 상황이 있기 때문입니다. 예를 들어, 어느 주일에 우리가 크게 아프다고 생각해 보십시오.

몸이 크게 아픈데도 기본적인 원칙을 따라 건강을 회복하는 데 최소한의 시간을 쓰고 하나님을 예배하는 데 최대한의 시간을 쓰고 자선을 베푸는 일에도 최선을 다하는 것이 과연 옳겠습니까?

물론 그런 상황에서도 그렇게 할 수 있다면, 좋을 것입니다. 하지만 그런 날은 특수한 상황이기 때문에 하나님이 주시는 신령한 안식을 최대한 누리는 쪽으로 각각의 영역을 지혜롭게 조절하는 것도 좋을 것입니다.

> **/질문 12/**
>
> 구약의 안식일이 의식법이기 때문에 십계명의 네 번째 계명을 순종할 필요가 없다고 끝까지 생각하는 사람들, 신약의 주일은 구약의 안식일과 성격이 전혀 다른 날이기 때문에 구별해서 지킬 필요가 없다고 끝까지 생각하는 그리스도인들에게 해 주실 말씀이 있을까요?

만일 여러분이 그런 생각을 끝까지 포기하지 않으신다면, 저는 매우 현실적인 차원에서 한 가지를 말씀드리고 싶습니다.

설령 여러분이 구약의 안식일을 의식법으로 여기고 신약의 주일을 거룩한 날로 지킬 필요가 없다고 생각한다고 해도, 일주일의 한 번 여러분이 세상의 복잡한 일에서 놓임을 받고 쉬게 되는 주일에 최대한의 시간과 열심을 내서 하나님이 주시는 신령한 안식을 얻고 누리도록 하십시오.

왜냐하면, 평일에는 주일만큼 여러분이 세상일에서 벗어날 수 없기 때문입니다. 현실적으로 주일이 신령한 안식을 얻고 누리기에 가장 적절한 날이기 때문입니다.

특별히 주일은 거의 모든 사람이 세상일에서 벗어나는 날이기 때문에 교회로서 최대한 많은 사람이 함께 모일 수 있고 최대한 긴 시간 모일 수 있는 가장 좋은 날입니다.

그러므로 그런 주일에 우리가 다른 교우들과 교회에 함께 모여 최대한 많은 시간을 하나님 앞에서 은혜롭게 지낸다면 그것이 하나님의 나라를 견고하게 세우고 우리에게도 큰 복이 되지 않겠습니까?

주일을 특별하게 지켜야 한다는 법이 없더라도 현실이 이렇다면, 이런 현실을 하나님의 영광을 위해 최대한 이용해야 하지 않겠습니까?

그러므로 현실적인 차원에서라도 주일을 소중하게 여기고 그날 최선을 다하십시오.

젊은 남자와 여자가 연애하게 되면 마치 본능처럼 주말을 기다리게 되어 있습니다. 주중에도 만나서 데이트할 수도 있지만, 주말을 손꼽아 기다리게 되어 있습니다. 주말이 되면 바쁜 일들을 내려놓고 온종일 함께할 수 있기 때문입니다. 젊은 남자와 여자가 연애하게 되면 주말에 반드시 종일 함께 지내야 한다는 법이 있어서 그런 것이 아닙니다. 서로를 깊이 사랑하기 때문입니다. 서로를 사랑하면 본능적으로 온종일 함께하고 싶어지기 때문입니다.

하나님을 사랑하는 사람들도 본능적으로 하나님과 종일 함께할 수 있는 날을 손꼽아 기다려야 하지 않을까요?

/질문 13/

주일에 어떤 일을 해야 할지 말아야 할지 고민이 될 때가 있습니다.
그럴 때는 어떤 기준으로 판단하고 결정해야 합니까?

제일 먼저 생각하고 점검할 것이 있습니다. 과연 우리가 하나님이 주시는 안식을 풍성히 누리기 위해서 주일 하루 전체의 시간을 구별하고 그 방향으로 사용하려는 의지가 분명하게 있는가를 점검하는 것입니다. 그리고 그런 의지를 갖추고 최선을 다해서 주일 하루를 실제로 지내고 있는가를 점검하는 것입니다.

주일 하루 전체의 방향을 올바르게 잡지도 않고 그 방향을 향해서 살지도 않는 사람이 주일에 어떤 한 가지 일을 해야 할지 말아야 할지를 고민하는 것은 하나님 앞에서 별 의미도 없고 순서도 맞지 않기 때문입니다.

그다음에는 그 일이 평일에 할 수 있는 일인지를 생각하는 것입니다. 평일에 할 수 있는 일이라면 굳이 주일에 할 필요가 없기 때문입니다. 평일은 6일이나 되기 때문에 그중에 가장 편리한 시간을 골라서 그 일을 하면 될 것입니다.

주일은 일주일에 하루뿐이고 6일의 평일과 시간의 분량을 비교해 보면 매우 짧은 시간입니다. 그러므로 평일에 할 수 있는 일을 굳이 주일에 하면서 아깝고 귀한 주일의 시간을 그렇게 써서는 안 될 것입니다. 그러므로 평일에 할 수 있는 일은 평일에 함으로써 주일의 시간을 아끼고 신령하고 복된 안식을 얻는 데 더 집중하십시오.

그러나 예수님이 가르쳐 주신 대로 생존에 필수적인 일이라서 주일에도 해야 하는 일이라면, 교회에서나 개인적으로 하나님을 예배하는 일이라면, 이웃에게 자선을 베풀어 하나님이 주시는 안식을 함께 나누는 일이라면, 그리고 이 세 가지 일에 필요하고 보탬이 되는 일이라면, 고민하지 말고 망설이지 말고 열심히 행하십시오.

하지만 주일에는 몸과 마음을 편히 쉬는 것도 꼭 필요한 일임을 잊지 마십시오. 주일은 사람의 안식을 위해서 하나님이 선물입니다. 주일에는 하나님이 주시는 신령하고 복된 안식을 최대한 풍성히 얻도록 하십시오.